EXIL

Ulrich Schacht

IM SCHNEE TREIBEN

Essays zum
poetischen Weltverständnis

edition buchhaus loschwitz

Impressum

© edition buchhaus loschwitz 2021
Alle Rechte beim Autor.
Friedrich-Wieck-Straße 6, 01326 Dresden
www.kulturhaus-loschwitz.de

Druck: B. KRAUSE GmbH
Druckerei · Kartonagen · Verlag
Satz und Gestaltung: impulsar-werkstatt.de

ISBN 978-3-9822049-7-0

Inhalt

Dem Finger Gottes nah 7
  Vorwort von Heimo Schwilk

Grund. Annahmen 17
  Poesie und Existenz in den Zeiten
  der Grundlosigkeit

Die Wiederentdeckung der Geschichte
der Sonne 32
  Versuch über die Poesie der Natur und
  ihr Erscheinen in der Natur-Poesie

»Unterricht von Göttlichen Sachen« 47
  Über den einen Ursprung von Gedicht und Gebet.
  Eine Hypothese

Der Ton der Freiheit 62
  Anmerkungen zu einer Moral der Poesie

Wiesenglück und Weltenbrand 71
  Von der Notwendigkeit der Poesie angesichts
  des Bösen in der Geschichte

Wegbegleiter 91
  Zur Poesie der Elisabeth Borchers

Eichendorff, Ungaretti oder
Der Blick über die Grenze 98

Geld, Gold, Gedichte 119
  Spekulationen über einen Zusammenhang,
  der nicht auf der Hand liegt

Im Schnee treiben 133
  Vexierbild zu einem Satz von Bloch
Bell Island im Eismeer 145
  Poetische und andere Notizen zum Gebrauch
  der Droge »Arktis«
Spitzbergen 159
  Am kalten Rand der Erde
Franz-Josef-Land 173
  Das Gestade der Vergessenheit
Nidden oder Das süße Salz der Poesie 210
  Notizen und Reflexionen auf
  der Kurischen Nehrung
Handkuß für Nora Iuga 240
  Eine Stadtschreiber-Saison
  in Dresden

Anmerkungen 256

Biographie 258

Bibliographie 259

Dem Finger Gottes nah

Vorwort von Heimo Schwilk

Beim Lesen des Werkes eines Autors stellt sich für mich sofort die Frage: Was ist seine Kraftquelle, woraus speist sich sein Schreiben, woher stammt sein Durchhaltewillen, sein, wie Ernst Jünger es einmal genannt hat, »poncif«, sein ureigenes Webmuster. Sieht man einmal von den Charaktermerkmalen eines kämpferischen, widerständigen, selbstgewissen und äußerst mutigen Menschen ab, die niemand Ulrich Schacht abzusprechen wagte, auch und besonders seine Feinde nicht, die seinen Weg bis zum Schluß begleiteten wie die schreienden Möwen das Schiff, so drängt sich unmittelbar der Eindruck auf: Dieser Mann ist in der Natur zuhause. Sie ist das Fundament, auf dem sein Denken und Schreiben ruht, eine Welt, die er nicht als Gegenwelt, sondern als Heimat empfand. Ulrich Schacht kehrte das Spannungsverhältnis von Natur und Individuum geradezu um, das in der Moderne zu einem Scheinsieg des Menschen gemacht wurde, um seine aufgeklärte Selbstmächtigkeit zu zementieren.

Die Vergottung der menschengemachten Welt stößt nun aber an ihre natürlichen Grenzen: Die Ressourcen sind erschöpft, die technoide Kunstwelt ist zur Hölle geworden, der Mensch erkennt nicht mehr in der Natur, sondern in seinem Herrschaftsingenium über sie das eigentlich Feindselige.

Es ist deshalb auch gar nicht verwunderlich, ja es ist geradezu folgerichtig, dass der Dichter Ulrich Schacht die Natur dort gesucht und aufgesucht hat, wo sie ganz sie selbst ist, wo sie schweigt oder allenfalls mit der Sprache des Anfangs spricht. Im hohen Norden, im Eismeer, in Landschaften, die ohne den Menschen auskommen, in denen sein Wirken begrenzt oder nur sehr flüchtig ist. Schon die Titel seiner Bücher signalisieren diese Sehn-Sucht Ulrich Schachts nach dem Norden, den er oft bereist und noch öfter in Gedichten, Essays, Erzählungen und Erinnerungen geradezu besungen hat: »Lanzen im Eis«, »Archipel des Lichts«, »Bell Island im Eismeer«, »Über Schnee und Geschichte«, »Grimsey«. »Wir sehnen uns nach Hause, und wissen nicht, wohin?«, heißt es in einem Gedicht von Eichendorff. Ulrich Schacht wußte genau, wo seine Sehnsuchtsorte liegen, nämlich auf den Archipelen der Arktis, in der Gletscherwelt nördlicher Meere, die die Kraft des Kosmos und das erzene Schweigen Gottes bezeugen, der sie geschaffen, aber auch zu einem – letzten – Bollwerk gegen zerstörerisches Menschenwerk gemacht hat.

Nun sind auch diese letzten Rückzugsparadiese in Gefahr, geschändet und ausgebeutet zu werden durch die Gier nach Ressourcen und die Machtspiele der Großmächte. Als Ulrich Schacht 1989 nach Spitzbergen reiste, um den Svalbard-Archipel zu erkunden, nutzte er das Flugzeug. Schon diese Annäherung zeigt, dass sich auch diese noch vor 150 Jahren mühsam erkundeten Landstriche am Ende der Welt dem technischen Zugriff dauerhaft nicht entziehen können. Schacht hat die Vorposten der Zivilisation mit ihren Flugplätzen, Banken, Krankenhäusern, Supermärkten, Schulen und Kinos genau beschrieben, nichts hinwegromantisiert, um einer Utopie der Reinheit willen, die es am Ende des 20. Jahrhunderts nicht mehr geben konnte. Aber er hat zugleich auch die Nichtigkeit dieses Unterwerfungsversuchs konstatiert – und vor allem die Einfallsschneisen des Kosmos in kristallklaren, leuchtenden Bildern geschildert, die hier, anders als im urbanen Getümmel unserer Städte, noch sicht- und fühlbar sind; auch die Macht des Ur-Lichts, das mit seiner fast schmerzhaften Präsenz die künstliche Beleuchtung obsolet, ja lächerlich macht.

Für Ulrich Schacht sind diese nördlichen Eis- und Schneelandschaften »dem Finger Gottes noch nah«, Räume, in denen die Begegnung mit dem »Sein« unmittelbarer möglich ist als in der hermetisch abgeriegelten Zivilisation, die den Menschen mit ihrem »Prometheus-Geflüster« abschirmen möchte gegen das

Elementare. Aber nur die unverfälschte Natur, so der Dichter Schacht, öffne uns den Blick für das Wunderbare der Schöpfung. Erst die Spannung aus Verlorenheit und Geborgenheit ermögliche es, sich als bewusstes Subjekt *und* als transzendentes Wesen zu erfahren, das zwar als Seiendes immer auch vom Sein getrennt ist, aber aus dieser ontologischen Differenz die Kraft gewinnt, sich zum Ganzen schöpferisch in Beziehung zu setzen, sich denkend – und schreibend! – als Teil der Schöpfung zu verstehen.

Der mystische Zusammenhang zwischen dem Ganzen und dem Einzelnen ist heute, so Schachts These, kaum mehr spürbar. Das berühmte Bild von Caspar David Friedrich »Der Mönch am Meer« repräsentiert für ihn die Sehnsucht nach Verschmelzung, nach dem Verlorenen, das es zurückzugewinnen gilt. Das Gemälde sei keine Allegorie »restloser Verlorenheit«, wie häufig interpretiert, sondern Sinnbild für das vollkommene Da-Sein des Menschen. »Ich muss allein bleiben ... um die Natur vollständig zu schauen und zu fühlen; ich muss mich dem hingeben, was mich umgibt, mich vereinigen mit Wolken und Felsen, um das zu sein, was ich bin«, schrieb Friedrich über sein Bild. Das ist genau die Position des Dichters, die Ulrich Schacht für sich selbst geltend macht.

Caspar David Friedrich war Künstler, Ulrich Schacht Dichter. Die bewusst gesuchte Isolation, die sich der Totalität der Natur aussetzt, soll bei beiden in die schöpferische Einsamkeit umschlagen. Ulrich Schacht bezeichnet als innersten Antrieb der Dichtung die Demut, die aus sich den Mut hervortreibt – den Mut zur Dichtung, in der die in der Moderne epidemisch gewordene Spaltung zwischen Subjekt und Objekt, Ich und Welt aufgehoben, ja geheilt ist. Caspar David Friedrich war ein christlicher Maler, und der Dichter Schacht, der auch Kopf einer protestantischen Bruderschaft war, beharrt wie Friedrich darauf, dass die Schöpfung nicht aus dem Nichts kommt, sondern einen Schöpfer voraussetzt. Das endliche Bewusstsein wird hier mit der Unendlichkeit der Schöpferpotenz konfrontiert, ohne dass diese Spannung den Menschen klein und zufällig machen würde. Im Gegenteil: Der Mensch ist fähig, sich als Teil des Ganzen zu fühlen und, mehr noch, die gottgewollte Schöpfung als Künstler nachzuschöpfen. Die Poesie als Gleichnis: Im flüchtigen Kunstwerk wird Unvergängliches bezeugt.

Aus dieser metaphysischen Position heraus kann Ulrich Schacht behaupten, dass die »*moderne* Poesie« ein Widerspruch in sich selbst sei. Für ihn kreist die Moderne seit der Französischen Revolution unablässig um die Selbstermächtigung des aufgeklärten Menschen. Der Moderne versteht die ingenieurhaft von ihm gestaltete, durch und durch säkulare »Gesellschaft« als Gegen-Schöpfung, gewissermaßen als Reparaturbetrieb Gottes. Da die Moderne aus sich heraus keinen »Grund« hat, sondern nur materielle

Postulate kennt, die es in einem selbstzerstörerischen Akzelerando zu realisieren gilt, hat sie sich von Anfang an dem grenzenlosen Fortschritt verschrieben. Diese Grund- und Ortlosigkeit provoziert den Dichter. Er will nicht nur unsere innerweltlichen Verhältnisse und Wünsche nachbuchstabieren, sondern als ganzer, ganzheitlicher, unteilbarer Mensch dieser Reduktion standhalten – und das ganz Andere beschwören.

Diese Standhaftigkeit ist bei Ulrich Schacht nicht nur poetologische Programmatik, sondern existentiell verbürgt. Schon in der DDR stellte er sich in jungen Jahren der sozialistischen Utopie entgegen, die glaubt, den Menschen auf ein Rädchen im kollektiven Miteinander reduzieren – und damit beherrschen zu können. Vielleicht war es diese Erfahrung der radikalen Kontingenz und Ausgeliefertheit im Gefängnis, die Schachts Sehnsucht nach der Urfreiheit des Menschen befeuert hat, nach einem Menschenbild, das nicht den *homo faber* feiert, sondern den *homo metaphysicus*. Das so verstandene Individuum »funktioniert« nicht einfach, ob nun im sozialistischen oder konsumistischen Sinn, sondern es bekennt sich ganz offen zu seiner wesenhaften Dysfunktionalität, beharrt auf Ambivalenz und Widersprüchlichkeit, bleibt beständig in der Suchbewegung nach einem tragenden Grund. Dichtung, echte Dichtung, ist so immer auch Überlebensmittel, das auch inmitten grösster Unterdrückung Hoffnung und Halt gibt. Ulrich

Schacht: »Mit Gedichten im Kopf haben Menschen die Höllen von Auschwitz und Kolyma überlebt.« Und er selbst seine vier Jahre Haft im Gefängnis von Brandenburg.

In einer dem Gedicht feindseligen Welt sei die Poesie ein »Freiheitsereignis«, die »Überwindung des Risses, der unsere Narrenwelt durchzieht« – mit diesem Diktum zielt Schacht nicht allein auf diktatorische Verhältnisse, in denen nur Staatsdichter geduldet sind. Auch in der demokratisch verfassten Bundesrepublik werden die Räume immer enger für diejenigen, die dem Zeitgeist widersprechen und auf das Recht pochen, Entfremdung gerade auch in maßloser Libertät zu erkennen. Oder, wie aktuell, in einer durch und durch regulierten Republik. »Die vollends aufgeklärte Welt erstrahlt im Zeichen triumphalen Unheils«, schrieben Max Horkheimer und Theodor W. Adorno 1944 und forderten die Selbstaufklärung der Aufklärung, die bis heute unterblieb, weil sie die Macht und Pfründe der selbsternannten Aufklärer gefährdet.

Das Gebet sei »die Arbeit der Freien«, zitiert Ulrich Schacht den Dichter Leon Bloy. Er setzt damit den denkbar größten Kontrapunkt zu jenen Freigeistern, die unter Freiheit vor allem die Abwendung von Gott verstehen, dessen Offenbarungen sie systematisch dekonstruieren. Stattdessen pocht Schacht darauf, dass die Poesie, jede Poesie »verborgene Theologie« sei, das Gedicht, jedes echte Gedicht ein Gebet, mit dem der Dichter dem Schöpfer dankt für die Schönheit der Welt und das eigene Anwesendseindürfen. »Dichter sein in dürftiger Zeit« (Martin Heidegger): Das ist, in einem Satz, Ulrich Schachts Selbstverständnis, das er in unzähligen Gedichten und Reflexionen immer neu zum Ausdruck gebracht hat. Wie für Georg Trakl, den er gern als Gewährsmann für das eigene Tun in Anspruch nimmt, vollzieht sich auch für ihn das Dichten in einer unauflösbaren existentiellen Spannung, ähnlich dem Psalm, der ständig zwischen Gotteslob und Klage changiert. In seinem grundlegenden Essay »Unterricht von Göttlichen Sachen. Über den Ursprung von Gedicht und Gebet« zitiert Schacht deshalb eine Trakl-Strophe, in der er sein eigenes Anliegen auf den Punkt gebracht sieht: »Im Schnee // Der Wahrheit nachsinnen- / Viel Schmerz! / Endlich Begeisterung / Bis zum Tod. / Winternacht / Du reine Mönchin.«

Aber man sollte Ulrich Schacht selbst lesen. Er hat seine zitatenreich und (natur)philosophisch fundierte Poetologie mit Hunderten von Gedichten bestätigt und dabei eine wunderbar vielfältige Welt der Bilder und Zeichen entfaltet. Deshalb sei zuletzt ein Poem aus dem Färöer-Zyklus zitiert, das dieses Sichentfernen und Wiederfinden des metaphysischen Grundes überaus virtuos ins Landschaftliche übersetzt:

Stóra Dímun

Brandung, lautlos
schlagen die Wolken
auf flutet ihr Weiß in
die stürzenden
Wiesen: Grün

das
ertrinkt. Schreie
der Vögel über dem
Lichtsteg bis in
mein Auge
entfernt
sich

der
Grund

»Ich verschlang das Licht, und der lautlose
Schnee vor den Fenstern schien mit Verheißungen
erfüllt, mit flüsternden Stimmen: komm.«

Walter Bauer: Die Geburt des Poeten

Grund. Annahmen

Poesie und Existenz in den Zeiten der Grundlosigkeit

> »Erkenne, was für ein Rhythmus
> die Menschen hält.«
> Archilochos

I

Von heute her sind die Dinge, die die Bedingungen ausmachen, klarer: Das Wort *Moderne* ist das Stichwort, seine *ideologischen* Konkretisierungen, historisch grundiert, das Mauerwerk, in dem ihre große Geschichte jede eigene bestreitet, weil sie sie zwar für alle beschwört, aber keinem mehr *wirklich* gewährt.

Die *Moderne* als *ideologisches* Ereignis lebt von der totalen Behauptung, alles gründe sich in Grundlosigkeit. Dagegen proklamiert sie die Erhebung des Menschen in den Bewegungszustand des *Fort*-Schritts, der ein unaufhaltsamer Aufstieg sein soll. Das Ziel lautet: den Menschen voranbringen, mobil machen, flexibel. Im Effekt aber soll er nur bindungslos sein. Das heißt:

manipulierbar. Das heißt: nicht er *selbst*. Der verheißene Flug zu den Sternen, um die ikarische Generalmetapher ins Spiel zu bringen, endet deshalb wieder und wieder als Absturz in die Projektionen der Grundlosigkeit. Die *ideologisierte* Moderne verspricht Hilfe zwar dem Individuum; sie gewährt sie aber nur dem Subjekt. Genauer: Es ist die Hilfe unnützer Küchengeräte für das *beliebige* Subjekt, dem Kern eines »reinen« *Homo oeconomicus,* der ein verdinglichtes, also unwesentliches Wesen ist. Das Individuum lebt vom Zusammen-Spiel von Hand und Kopf, von Sinn und Sinnlichkeit, von Ahnung und Wissen; das moderne Subjekt vom Verlust der Hand, die ein Teil des Kopfes ist. Das Zusammen-Spiel beider ist deshalb der Tod der ins Totalitär-Ökonomische hinein ideologisierten Moderne, und insofern ist ihr ständiger Schrecken der *ganze* Mensch. Der ganze Mensch ist der *unteilbare* Mensch: das Individuum. Er ist unbrauchbar für den totalen Gebrauch. Nur der *ganze* Mensch ist deshalb *frei*. Nur der freie Mensch hält deshalb stand. Standhalten heißt vor allem: Bewegung unterbrechen, Ruhe suchen, Zeit finden. Zumindest aber: das *Maß* dafür be*greifen*. Dieses Maß existentieller Freiheit, *angewendet,* wendet auch die durch den historisch-praktischen Vollzug der anmaßenden Ideologie der ökonomisierten Moderne ausgelöste Not, die den Menschen in permanente Verfügbarkeit treibt wie die Sklaverei den Gefangenen ins Werkzeug-Dasein. Not aber, wie sie sich so in den der Moderne abgetrotzten Auszeiten wendet, ist wesentliches Thema der Poesie. Auch darum ist die Poesie nie Teil der Moderne, sondern immer radikale *Selbst*-Behauptung, die früher oder später verfolgt, marginalisiert oder korrumpiert werden muß. In der Konsequenz heißt das, daß *moderne* Poesie eine *contradictio in adiecto* ist. Poesie ist immer nur *Poesie*; aber das ist ihr unerschöpflicher Reichtum.

II

Und der Poet? Wie erfährt er sich in dieser Wahrheit, die keine verkündbare ist, eine schmerzhaft erfahrbare ist sie darum um so mehr? Wie be*greift* er seine Anwesenheit in den Bedingungen, die eine Abwesenheit von den Dingen ist, die sie ausmachen? Diese Frage stellen heißt, nach Gründen zu fragen, die angenommen werden können: Grund. *Annahmen* – der Poet spricht von *Licht* und *Finsternis,* von *Tod* und *Liebe,* von *Himmel* und *Erde,* von *Leid* und *Glück,* von *Wüste, Meer* und *Sternen,* von *Gipfeln, Graten* und *Abgründen,* vom *Du* und vom *Ich*. Das ist nicht viel; aber weniger ist ihm nicht möglich. Dieser Reichtum ist der Maßstab der Poesie. Ab wann weiß der Poet das? Vom ersten Augenblick seines Schreibens an, in genau jenem Moment also, den er in der Regel zutiefst unbewußt erfährt und an den ihn später nichts anderes als seine bis dahin erkennbare *ganze* Existenz erinnert. Es handelt sich um *Ur*-Wissen, das ihn von allen anderen trennt und gleichzeitig den Grund bildet, auf dem er sich mit allen anderen vereinigen kann. Geschöpfter Schöpfer, ist er an diesem Prozeß beteiligt wie ein sich erschöpfender Gott. Die Erschöpfung spürend, verwechselt er sich zu keinem *Zeit*-Punkt mit dem Schöpfer-Gott: »Den Göttern ist alles leicht«, sagt Archilochos, der erste, der *Ur*-Lyriker Europas, um danach die entscheidende Differenz zum Menschengeschlecht zu notieren: »Oft richten sie aus Übeln / Menschen auf, die schon auf der schwarzen Erde liegen, / oft stürzen sie die um, die mächtig groß einherschreiten, / rücklings, und dann geschieht viel Übles: / im Mangel an Brot irrt er umher und an seinem Sinn verwirrt.« Weil der Poet in dieser Doppel-Figuration des Menschen, die den Fall als Aufstieg beschreibt und den Aufstieg als Fall, das *Grund*-Gesetz individueller Existenz erkennt, in dem er selbst sich radikal *ereignet,* spricht er die Welt nicht *an*, sondern *aus*. Er spricht damit jedoch ein Geheimnis aus, das sich nicht auflöst – im *Gegen*-Satz zu allen Sprachen der Propaganda, also der Politik oder Wirtschaft, die vorgeben, anzusprechen, um aufzulösen und damit das Geheimnis der Doppel-Figuration des Menschen aufzuklären. Jedem dieser Glücks-Versprechen fehlt aber die Unglücks-Gewißheit, die sich so potenziert. In den potenzierten *Ab*gründen jedoch werden erst all jene Gipfel in ihrer unmöglichen Möglichkeit sichtbar und sinnvoll, die uns in die einzige zu rechtfertigende Bewegung versetzen. Mit ihr bewegt sich Hölderlin in seinem 1803 entstandenen Gedicht »Mnemosyne«, dem *Grund*-Gesetz des Seins auf der Spur: »träumend auf / den Hügeln des Himmels. AUSGESETZT auf den Bergen des Herzens«, sagt Rilke 1914. Vierunddreißig Jahre später spricht Celan in seinem Gedicht »Auf Reisen« in dieselbe *Grund*-Richtung: »Es ist ein Gehöft, da hält ein Gespann für dein Herz.« Daß Brecht eine Dekade zuvor im »Lob des Zweifels« mit der ihm eigenen dramatischen Lakonie zu Protokoll gibt: »So stand eines Tages ein Mann auf dem unbesteigbaren Berg«, dementiert nicht etwa das Grund-Präzise der Seelen-Geographie Hölderlins, Rilkes und Celans zugunsten materialistischer Phraseologie, sie komplettiert vielmehr die Varianz des ins Gegenwärtige hineinragenden *Grund*-Tones des Archilochos, den alle zitierten Dichter anschlagen. Es ist der Ton der verborgenen Entsprechung, den das Gedicht als Ganzes hörbar macht. Weil der Dichter keinen anderen Ton als diesen anschlagen *kann*, unterbricht er mit jedem Gedicht den Geräuschstrom der gesellschaftlichen Primärsprachen. Das macht das Gedicht jedoch nicht nur zu bloßem Widerspruch, den gesellschaftliche Primärsprachen zu adaptieren oder zu eliminieren prinzipiell fähig sind; es macht es zur souveränen Gegenwelt, selbst noch in seiner harmlosesten

Gestalt und privatesten Stofflichkeit. Das bedeutet im übrigen auch, daß das »politische« Gedicht in seiner behaupteten Subversivität schon deshalb abwegig im Sinne des Wortes ist, weil es weder an jene Souveränität anschließt noch einen Zugang dazu erschließt, vielmehr mißdeutet es sein jeweiliges Ziel als satisfaktionsfähig, entwürdigt so aber nur die eigene (Rest-)Substanz. Es endet im Feuerwerks-Effekt von Stimmungs-Kanonen, die vor der Revolution in den Hinterzimmern der Verschwörer abgefeuert werden und nach dem Sieg noch lauter von den Tribünen der neuen Gesellschaft erdröhnen: Das Geräuschvolle ist ihnen eigen und damit die zentrale Eigenschaft aller gesellschaftlichen Primärsprachen. Die Voraussetzung wirklicher Subversion aber ist wirkliche Souveränität. Hilde Domin erkennt deshalb das »Gedicht als Augenblick von Freiheit« und meint damit auch: »Augenblick der Befreiung« und »Atemraum für Freiheit«. Sie variiert und aktualisiert damit die literatur- und geistes-geschichtlich als »romantisch« katalogisierte Position eines Friedrich Schlegel, der allein der Poesie das Prädikat, »unendlich« zu sein, zugestand, wie auch »sie allein frey« sei. Wenn es so ist, dann ist das Gedicht *per se,* also *ewig* ein Territorium der Würde, auch ein Zufluchtsgelände höchster Empfangsbereitschaft und Ort von Quellen, in denen der Geist mineralisch wird und das Mineralische Geist. Quellen dieser Art sind naturgemäß nicht ausbeutbar,

Zufluchtsgelände dieses Zuschnitts nicht zu erobern, Territorien grundlegender Würde nicht zu demütigen. Der Poet aber ist vor solchem Hintergrund der älteste Fluchthelfer in der Geschichte des Menschen, ältester Tränker dürstender Seelen; ältester Bruder aller Priestergeschlechter: Die »Geschichte der Dichtung gleicht in vielem der Geschichte der Religion«, lautet eine These von Walter Muschg.

III

Die Konsequenz dieser These – Novalis konnte sie noch in die klare Formel gießen: »Der ächte Dichter ist aber immer Priester, so wie der ächte Priester immer Dichter geblieben.« –, wird heute mehr denn je bestritten. Doch kommt der mechanische Materialismus, der solcher Kritik zugrunde liegt, inzwischen ohne Stalin aus. Auf den Thron des großen Seelen-Mechanikers aus Georgien ist die Enten-Familie aus *God's own country* geflattert. In ihrer Einflußsphäre gilt der *Comic* als Maßstab, wenn es um die fortschrittlichste Textsorte geht. Er wird in Fortsetzungsheftchen und Televisionskaskaden verbreitet, wie einst die Propagandaschriftchen des Historischen und Dialektischen Materialismus. Die Differenz zwischen beiden Serien besteht darin, daß über Stalins Ideologie-Comics *nicht* gelacht werden durfte, während über die Comic-Ideologie aus

Entenhausen gelacht werden *muß*. Das Lachen ist dem Gedicht nicht fremd; aber das befohlene Lachen ist ihm fremder als das unterdrückte. Es handelt sich um die Differenz zwischen Totgeschwiegenwerden und Sichtotlachen. Letzteres gehört nicht zufällig zum historischen Repertoire der Folterarten. Neil Postmans Warnung vor einem »Amüsement zum Tode« reflektiert mit ihr ja nur die Verwandlung eines regionalen *Standard*-Sadismus in einen globalen Masochismus-*Standard*. Die »Gottesdienste« einer solchen Gesellschaft werden zuletzt zelebriert nach der Agenda des Marquis de Sade, die vom Tempo des Bösen bestimmt wird, zur Steigerung des Reizes schlechthin, dem Medium einer Befriedigung von Gier nach Macht-Lust *absoluter* Natur: Von den »Hundertfünfzig einfachen Passionen der Ersten Klasse« in seiner »Schule der Ausschweifung« bis zu den »Hundertfünfzig ... des Mordes der Vierten Klasse« ist es nicht nur kein weiter Weg, er ist – in den Lagern der industriellen Massen-Morde wie in den Tempeln der industriellen Massen-Medien – auch schon ein partiell zurückgelegter. Das virtuelle Echo auf die reale Geschichte ist dabei nur nachspielender Vorläufer. De Sade gehörte zu den 1789 aus der Bastille Befreiten; auch deshalb ist er ein Zeit-Genosse des 20. und 21. Jahrhunderts. Wenn Klopstock, der sein Lob der Französischen Revolution später, wie viele, als fundamentalen Irrtum begriff, recht hatte damit, daß »die höhere Poesie ganz unfähig (ist), uns durch blendende Vorstellungen zum Bösen zu verführen«, dann konnten de Sade und seine Verehrer Gedichte nicht nur nicht lieben, sie mußten sie hassen. Daraus ist eine Tradition geworden.

IV

Wo der virtuelle Mord, parallel zum Zwangs-Gelächter im *Channal*-Room nebenan, Teil einer gewinnbringenden Produkt-Palette wird, die mit Unterhaltungs-Formaten für »reine« Massen bestückt ist, wird nicht nur Profit gemacht, es wird auch Profil verloren: die Kraft des Individuums, gegen den Strom zu schwimmen. Darum geht es aber. Dem Poeten kann es darum nicht gehen: »Der Poet, den wir meinen«, sagt Klopstock, »muß uns über unsre kurzsichtige Art zu denken erheben, und uns dem Strom entreißen, mit dem wir fortgezogen werden.« Natürlich ist das ein Anachronismus; Klopstock ist 18. Jahrhundert. Aber der Angriff kommt aus der Steinzeit. Insofern ist auch Klopstock eine immer noch gültige Antwort gegen die damit einherflutende Verrohung, Verdummung, Verklumpung. Es geht an diesem Punkt jedoch nicht um die Verteidigung dessen, was als Ruinen des Bildungsbürgertums erkannt werden kann; schon gar nicht geht es um verspätete Zivilisationskritik mit dem *Hautgout* der barbarisch gescheiterten. Es geht um jenes Elementare, von dem kein *Fort*-Schritt etwas wirklich wissen *kann*: die Würde aller menschlichen Existenz in ihrer individuellen Be*gründung*. Die habituelle Dimension solcher Begründung wird sinnlich aber nicht in der falschen Beweglichkeit, die uns eingebrannt, sondern im angemessenen Rhythmus, der uns ausgetrieben werden soll: »Erkenne, was für ein Rhythmus die Menschen hält.«, sagt Archilochos, der *Poet*. Zweieinhalbtausend Jahre später, 1963, sagt ein weiterer Poet griechischer Zunge, Giorgos Seferis: »... ich glaube, daß die von Angst und Unruhe beherrschte Welt, in der wir leben, die Dichtung braucht. Die Dichtung hat ihren Ursprung im menschlichen Atem – und was würde geschehen, wenn uns die Luft ausginge?« Auch deshalb ist der *Fort*-Schritt *sui generis* poesiefeindlich, sind Gesellschaften, die sich dem Fortschritts-Begriff in seiner ideologischen Borniertheit unterworfen haben – ob sozial-, wirtschafts- oder wissenstechnologisch aufgeladen, ist in der geschichtlichen *Aus*wirkung vollkommen gleichgültig dabei –, *de*humanisierend. Das zerstörerische Ausmaß dieses Prozesses hat Albert Camus in seinem Essay »Der Mensch in der Revolte« als destruktiven Zusammenhang zwischen der »für unsere Zeit typischen Beschleunigung« und der »Herstellung der Wahrheit« beschrieben, die unter dem Druck des Tempos zu »einem reinen Phantom« werde.

V

Davon aber »weiß« das Gedicht, und der Poet dient diesem Wissen, dem das Vermögen *Ge*wissen wie ein Wasserzeichen eingegeben ist. Es ist im übrigen eine Legende, daß sich das Ästhetische an genau dieser Stelle eintrübt; das Ästhetische ist immer Form, die einen Grund hat, nie aber grundlose Formalität. Wäre es letzteres, wäre es lediglich symbolisches Analogon zu einer jeglichen politischen oder Wirtschafts-Bürokratie, deren Seelenlosigkeit in dem Maße zunimmt, wie sie sich mittels technologischer Beschleunigungsprozesse in einen Mechanismus totaler Funktionalität verwandelt. Das Objekt der Begierde solcher Vernichtungs-Prozesse, die sich heute vor allem mit massendemokratisch akzentuierten *Kommunikations*-Phrasen tarnen, ist jenes vorhin skizzierte Subjekt verdinglichter »Natur«, noch immer Mensch genannt, dem aus produktions- und damit profit-, also herrschaftsstrategischen Gründen und Zielen das *ur*eigene Hören und Sehen vergehen soll. Der also taub und blind werden muß für das, was außerhalb der Apparate spricht, anspricht oder sich ausschweigt: »Kies und Geröll. Und ein Scherbenton, dünn, / als Zuspruch der Stunde.« So beginnt Celans Gedicht »Nacht«; ein anderes: »Mit wechselndem Schlüssel schließt du das Haus auf, darin / der Schnee des Verschwiegenen treibt.« Marie

Luise Kaschnitz hat diesem *Poeten* – aber im Kern trifft das auf jeden zu, der nicht dem spätrationalistischen Aberglauben von »nachmetaphysischen Zeiten« verfallen ist – nicht nur das Vermögen attestiert, »in Eiszeiten und Lichtjahren zu denken«, sie hat ihm auch bestätigt, daß dieses Vermögen ihn nicht daran hindere, »die Essenz der Jetztzeit auszupressen« und das Ergebnis »einen bitteren, tod- und lebenspenden Trank« genannt. Lakonisch fügte sie in ihrer Rede auf den Büchnerpreisträger des Jahres 1960 hinzu: »Eine metaphysische Verbindung wird in vielen Gedichten tastend gesucht.« Es ist nicht notwendig, ausgerechnet aus Celan einen *Spät*-Romantiker zu machen; aber es war der Romantikkritiker Hegel, der solcher souveränen Welteinsicht in seiner »Ästhetik« unterstellte, sie hätte »Scheu vor der Wirklichkeit [...], weil sie sich durch die Berührung mit der Endlichkeit zu verunreinigen« fürchte. Dieser absurde Vorwurf hat inzwischen nicht nur Tradition; er hat zur Zeit auch wieder Konjunktur. Die Voraussetzung der Hegelschen Romantik-Kritik war nicht nur ein verkürzter Wirklichkeits-Begriff, er ist auch ein dialektisch gereinigter insofern, als ihm eine geschichtliche Prozeß-Tendenz totalitären Charakters unterlegt wurde – die berühmte »List der Vernunft« des »Weltgeistes« –, die zuletzt, egal durch welche Blutbäder hindurch, doch noch den *totalen* Sinn *macht*. Wer die Wirklichkeit mit Hegel begreift, und *alle* Totalitären tun das, wie bewußt auch immer, kann sich in der Tat nicht schmutzig an ihr machen, selbst wenn er bis zum Hals in ihren bösen Schlämmen steckt, weil der Hegelsche Wirklichkeits-*Begriff* die Versöhnung des Menschen mit dem *Un*-Menschlichen immer am falschen Ort betreibt. Wo aber Poesie sich in solche Tradition stellt, verirrt sie sich nicht nur einfach, sie verläßt sich selbst radikal. Wer aber radikal sich verläßt, existiert nicht mehr. Dies wissend, erreicht der Poet die Welt vom Grund her, den er annimmt, wie seine eigene Geschichte darüber. Was sein Text, der an Gründlichkeit deshalb nicht zu schlagen ist, unter den leichtfertigen Analogien auf der Oberfläche der Welt bedeutet, kann ihm gleichgültig bleiben. Er bezeugt Elementares, das nicht zur Debatte steht.

Literatur

Archilochos: *Gedichte.* Griechisch und deutsch,
  übertragen und herausgegeben von Kurt Steinmann,
  Frankfurt am Main und Leipzig 1998.
Bertolt Brecht: *Gesammelte Gedichte,*
  Frankfurt am Main 1976.
Albert Camus: *Der Mensch in der Revolte. Essays,*
  Reinbek 1961.
Paul Celan: *Gesammelte Werke in fünf Bänden,*
  Frankfurt am Main 1986.
Hilde Domin: *Das Gedicht als Augenblick von Freiheit.*
  Frankfurter Poetik-Vorlesungen,
  München, Zürich 1988.
Georg Wilhelm Friedrich Hegel: *Ästhetik,* herausgegeben
  von Friedrich Bassenge, Berlin 1955.
Friedrich Hölderlin: *Sämtliche Gedichte,* herausgegeben
  von Detlev Lüders, Studienausgabe in zwei Bänden,
  Wiesbaden 1989.
Marie Luise Kaschnitz: *Zwischen Immer und Nie.*
  Gestalten und Themen der Dichtung,
  Frankfurt am Main 1971.
Friedrich Gottlieb Klopstock: *Gedanken über die Poesie.*
  Dichtungstheoretische Schriften, herausgegeben von
  Winfried Menninghaus, Frankfurt am Main 1989.
Walter Muschg: *Studien zur tragischen Literaturgeschichte,*
  Bern und München 1965.

Novalis: *Dichtungen und Prosa,* herausgegeben von
 Claus Träger und Heidi Ruddigkeit,
 Leipzig 1975.
Rainer Maria Rilke: *Sämtliche Werke,*
 Frankfurt am Main 1987.
Marquis de Sade: *Werke 1. Die Hundertzwanzig Tage von Sodom oder Die Schule der Ausschweifung,*
 Köln 1995.
Giorgos Seferis: *Alles voller Götter. Essays,*
 Leipzig 1989.

Die Wiederentdeckung der Geschichte der Sonne

Versuch über die Poesie der Natur und ihr Erscheinen in der Natur-Poesie

> »Wir haben eine ältere Offenbarung
> als jede geschriebene, die Natur.«
> F. W. J. Schelling

> »Die φύσις ist über den Göttern
> und den Menschen.«
> M. Heidegger

I

Der Stoff der Poesie ist nur so begrenzt, wie das Leben, dem er entstammt, unerschöpflich ist. Das bedeutet, daß die Gestaltungskraft des Poeten nie zur Verfügungsgewalt über seinen Stoff werden kann insofern, als die Weigerung, ihn zu gestalten, den Stoff nicht zum Verschwinden bringt. Die Welt als Natur – das heißt: die *physis* (φύσις) als Quellgrund des *bios* (βίος) – ist also unabhängig von ihrem bewußten Teil; darum kann er ihr aber auch nicht wirklich entkommen. Doch wird der Versuch periodisch gemacht, indem der Ort der *technē* (τέχνη) im geschichtlichen Horizont teleologisch nicht nur ins Unvermeidliche gedeutet wird; insbesondere transgressive Eigenschaften werden ihm zuerkannt, die Natur zuletzt nicht einfach nur physisch zum Verschwinden brächten, auch als Bewußtseins-Stoff würde sie sich im selben Prozess tendenziell auflösen. So jedenfalls spekulieren Auguren eines Kultes der Oberfläche, und als finale Strandvision unserer Zeit beschwören sie den Brandungslärm an der Autobahn, auf der Fahrt vor den Bildschirm, der ihnen reine Gottheit ist: mit der Totalitäts-Potenz, nicht nur Surrogat der Welt *vor* unseren Augen zu werden, sondern zuletzt des Auges selbst. Folgerichtig reüssieren in den Zentren einer rein technologisch verfaßten Moderne Welt-Bilder ptolemäischer Tradition: Das Flache erblickt die Fläche, und nichts sonst. Hier aber dringt nun ins Spiel eine Bereitschaft des verkümmerten Gemüts, dem die Fähigkeit abhanden gekommen ist, *sinnlich* auf die Welt sich einzulassen, d. h. auf ihre unberechenbar bleibende Tiefe wie unsichtbar vorhandenen Grund, und das so das Geheimnis mißversteht als Begrenzung. Statt dessen hat es sich Fertigkeiten antrainiert, die begrenzte Umwelt, durch die es sich zwängt, ins Virtuelle zu entgrenzen. Die Substanz des Virtuellen ist aber das Tempo; sie hat also keine. Die Substanz der Natur dagegen ist Rhythmus; er speist sich aus

Quellen, die noch das Gras vor dem Haus mit dem Quasar an der Grenze des Sichtbaren verbinden. Der Zusammenhang ist nur insoweit kein Geheimnis, als wir wissen, *daß* es ihn gibt. Doch schon damit ist er *das* Hindernis, vor dem sich das Virtuelle klein sehen muß. Nun hat das Virtuelle zwar keinen Charakter, es hat aber Ehrgeiz.

Ehrgeiz ist keine Triebkraft des Kreativen; Ehrgeiz destruiert zuletzt immer und alles, aber darum auch sich. In der Spanne dazwischen bewegt er sich als *Schein*-Stärke des Bewußtseins. Er spielt sich, heißt das, schöpferisch auf; wer aber hier mitspielt, verspielt sich. Die Frage, wohin und zu welchem Verlust, ist Voraussetzung der Antwort, die sich im Wort des Dichters verbirgt: »Meine Hände gehen verloren und wenn sie wiederkehren / sind sie verstümmelt.« (Giorgos Seferis)

II

Vor solchem Hintergrund, irgendwann, inflationierte sich das Gerücht: Natur-Poesie sei tot, weil die *Poesie* der Natur nur mehr Lüge sei, Schein, Projektions-Kitsch anachronistischer Seelen: Die Sonne gehe nicht unter, der Mond nicht auf. Aber die Ozeane wären verschmutzt, die Wälder krank, die Luft verseucht.

Darüber hat Wissenschaft informiert, nicht immer falsch im Detail, aber bald, ins Totale gewendet, nur noch im Ton letzter Worte. Pseudoreligiös also, das heißt: *ideologisch*. An derartiger Menetekel-Wand voll flammender Formeln kann das Opfer der virtuellen Welt, das Individuum, die *ganze* nicht einmal mehr ahnen; die Unfähigkeit zahlte sich aus, machten andere daraus doch Talent, vor allem im Sinne älterer Währung. Inzwischen hat Forschung in grönländischem Eis Bohrkerne gezogen, in ihnen die Geschichte der Sonne wiederentdeckt und so ein weiteres Mal »kritische« Wissenschaft, die sich in Computer-Modellen zuvor das Objekt »Natur« als ausgebeutetes, unterdrücktes und deshalb revolutionär »erhitztes«, sprich apokalyptisch gestimmtes Subjekt hochsimuliert hatte, als Produzenten falschen Bewußtseins zur Kritik gestellt. Was immer noch, um nur den populärsten Begriff im Zusammenhang zu nennen, »Treibhauseffekt« genannt wird, ist ideologisch entstanden, aber eben auch geblieben. Das Ideologische ist eine Vorform des Virtuellen. Die Sonne, sagen jedoch die Bohrkerne, hat ihren eigenen Rhythmus, kosmisch grundiert; wir können ihn bestreiten, aber wir tanzen ihn mit. Das ist die *wirkliche* Information. Sie stellt die Grundlagen von *Natur*-Poesie wieder her, indem sie einen Zusammenhang freilegt, der freiläßt in das, was durch uns nicht erreichbar ist. Nicht erreichbar durch uns, nicht wirklich manipulierbar heißt das, ist der *autopoietische* Grund des Ganzen, dem wir Emanation sind: Teil also, und im Bewußtsein darum: Spiegel.

Natur-*Poesie* spiegelt von je her diesen Prozess *radikal*, nicht aber lediglich reflexiv wider im Sinne des seitenverkehrten Abbildes, sondern – substanz-phänomenologisch – wieder und wieder in der Entfaltungs-Logik fraktaler Reproduktion von Strukturen, Mustern, Formen, die *hinte*r dem Wissen um sie ihren *Ur*-Sprung haben: »dem Felsen vermählt / geeint in Härte und Hinfälligkeit« (Giorgos Seferis). Heidegger findet dafür die Formel vom »dichtungshaften Wesen des Seyns«. Poesie ist deshalb, geborgen im Material Sprache, gerade nicht nur Spezial-Effekt im Kontext kommunikativer Mechanik, sondern *ontisches* Dokument, das den Herzschlag des Ganzen bezeugt. Der Herzschlag des Ganzen ist aber so wenig nur Metapher wie der eigene; wie der eigene kann er zunächst und vor allem gespürt werden: »Und vom Meer selbst wird nicht die Rede sein, aber von seiner Herrschaft im Herzen des Menschen.« (Saint-John Perse)

III

Was also treibt mich, dem Tag vor den Toren der Städte, im Garten in ihnen zur Nacht, oder am Meer – wenn nur der Himmel ins Offene geht –, seinem Rhythmus auf die Spur zu kommen? Was zieht mich an Küsten, auf Inseln, wo Wind, Brandung, Getier den *intakten* Ton angeben? Was ins Gebirge, in Wüsten oder zu sanfteren Mustern wie der geradezu lasziv hingebreiteten Endmoränen-Figur meiner Heimat Mecklenburg, aus all denen die Botschaft vom poetischen Idyll entspringt, die Zeit und Kunst seit längerem sich abzutreiben versuchen wie einen zu schön, zu heil geratenen Fötus? Eben: Das *Idyll*. »Irdisches Vergnügen in Gott« also, dem Barthold Hinrich Brockes (»Meine Seele hört im Sehen«), der als Begründer der deutschen Natur-Poesie gelten darf, ein gewaltiges lyrisches Werk in neun Bänden gewidmet hat, dessen erster Teil 1721 erschien. Zwar ist das Idyll ohne gebrochenen Anteil nicht zu denken, dennoch bleibt es erste und letzte Gestalt der *poietischen* Erscheinung. Zu ihm gehört ein Frieden, den seine Teile nicht hergeben. Ihr Zusammen-*Sein* aber, vor allem im Gedicht, materialisiert ihn, läßt sinnlich werden, was an unsichtbarer Kraft in Tönen, Farben und Düften zur Geltung kommt, in Bewegung, Geräusch, Gezeiten: aufgehobene Prozeß-Elemente, denen das Flüchtige ins Gründliche reicht und das Gründliche in die Perspektive aller angemessenen Bewegungsmuster, die zu Erscheinungs-Formen werden, das heißt zuerst und zuletzt: zum *Idyll*. Vor allem heißt das aber: Dem Idyll ist zu *trauen*. Dokumentiert es doch die untrennbare Verbindung von Harmonie und Notwendigkeit. Nicht der logische Zerfall ist hier wesentlich, sondern der Zerfall ins Logische. Das unvermeidlich amorphe Ende auch des Idylls ist, mikro- wie makrokosmisch, immer zugleich sein zwingender Beginn. Was wir hier wahrnehmen, ist deshalb mehr als nur ein Prozeß teleologischer oder zyklischer Richtungs-Natur – es ist sein essentielles Leitmotiv. Der Prozeß, meint das, ist Bewegung, die einen Grund hat: Motiv und Entwurf seiner eigenen Ausführlichkeit in jenes *Raum*-Spiel, das das Bewußtsein als zeitlichen *Spiel*-Raum sich aneignet wie einen Text um sich selbst: indem es auftritt *in* ihm, liest es sich *aus* ihm ab. Von diesem Grund, der alles erzeugt wie bewahrt, zeugt – in demütig ertragenem Widerspruch zu sich selbst – kein anderer Text glaubwürdiger denn das *Natur*-Gedicht, in dem er radikal aufscheint: »Sprachlos bleibt der Mensch, während das Meer uralte Geheimnisse flüsternd mitteilt.« (Odysseas Elytis) An dieser Grenze, wo Wissenschaft Begriffe wie »Labor« oder »Test« in Stellung bringt, vermögen wir jenen Grund nicht anders zu denken denn als Subjekt; aber das muß kein Irrtum sein. Vielmehr könnte es sich um anteilige Gewißheit Eingeweihter handeln, die *wir* sind – im Unterschied zum über die Fläche rasenden Insekt oder den *Comic-strip*-Hominiden virtueller Welten. Das Verb *weihen*, etymologisch bis ins altindische *vinakti* erkennbar, deutet sich dort scharf ins Sakrale, ins »Aussondern« zu gottesdienstlichen Zwecken. Hier – am zentralen Punkt sinnlicher Präsenz wie ontischer Prominenz *in continuo*, der ebenso unvermeidbar in symbolische Konsequenz übergeht – erscheint unser Vermögen zur Poesie als *Natur*-Poesie, indem es Umschlagplatz der poietischen Natur wird, die nur *dadurch*, also – im transitorischen Sinne des Wortes – durch uns, Natur-*Poesie* werden kann. In seiner ersten *Heraklit*-Vorlesung sagt Heidegger: »Die φύσις selbst ist das Sichzeigende, das wesenhaft sich in den Zeichen zeigt.« Daß wir, der Poet in Stellvertretung aller, in solch radikalem Sinne Medium sein können und müssen – »Sei getreu, sagt der Stein.« (Peter Huchel) –, unterscheidet uns nicht nur von übriger Kreatur, es *heiligt* uns gewissermaßen. Denn der jeweilige poetische Text, in welcher Sprache und Form auch immer, *heilt* den, der ihn ans Licht bringt, wie den, der ihn im Licht liest, indem er das Bewußtsein mit dem Sein versöhnt, zum Netz über einem Ab-Grund wird, ein Zwischen-Reich des Inne-Haltens: »Beschreibung«, sagt der amerikanische Dichter Wallace Stevens in seinen »Adagia« zur Dichtung, »ist ein Element, wie Luft und Wasser«, und nichts als »Realität ist das Motiv« dazu. Gerade deshalb aber weiß er um die einzig mögliche habituelle Pointe, was den Poeten betrifft, und den wahren Gegenstand des sakralen Aktes, den er vollzieht: »Der Dichter ist der Priester des Unsichtbaren.« Aller Poesie, bedeutet das, mangelt *naturgemäß* jede Profanität – gewiß nicht im Stoff, in der Wirkung um so gewisser. Wenn Peter Huchel in seinem legendären Gedicht »Havelnacht« zu den Schlußversen kommt: »Die vergrünten

Sterne schweben / triefend unterm Ruder vor. / Und der Wind wiegt unser Leben, / wie er Weide wiegt und Rohr.«, ist über die poetologischen Struktur-Elemente Rhythmik, Reim und Metapher *Natur* eben nicht nur als physikalisches Phänomen zu poetischem Wort gekommen, vielmehr scheint das *metaphysische* Paradigma unserer Existenz in und mit ihr darin so auratisch hell und durchschlagend auf, daß Sprache »reiner« Natur-Wissenschaft sich in ihrer Eigenschaft als Erkenntnis-Konkurrenz dazu nur als Verkennungs-Sprache falsifizieren kann. Rüdiger Bubner spricht in diesem Zusammenhang sogar vom »*Skandalon der Wissenschaft*, daß angesichts der ständig wachsenden Massen hoch spezialisierten Wissens der Überblick verlorengeht, der mit dem elementaren Begriff von Wissen gefordert ist«. Das heißt zuletzt aber unzweideutig: »Dichtung steigert das Gefühl für die Realität.« (Wallace Stevens)

IV

Die stilistische Konsequenz daraus ist nicht Pathos, wie gerne unterstellt, sondern *präzises* Pathos, wie selten erreicht. Präzises Pathos, wenn wir den griechischen Bedeutungshintergrund von *pathos* (πάθος) zur Gänze heranziehen, unterschlägt nicht das Leid in Leidenschaft, noch weniger übersieht es das Geschick im Mißgeschick. Es zitiert in seinen Stoffen zwar damit den Riß zwischen dem Ich und dem Ganzen, es erweitert ihn aber nicht in singuläre Dimension, gefällt sich also nicht in einer diesbezüglich totalen Verflachungs-Lüge wie das Virtuelle, das sich komplementär zur sich selbst heroisierenden Ironie verhält, der angesichts des konstitutiven Welt-Risses das *Idyll* – als Variante unendlich befreiten *Glücks*-Lachens – unerträglich absurd vorkommt. Das Idyll, in dessen Textur sich jene stilistische Konsequenz ein ums andere Mal positiv erschöpft – sprachbabylonisches Poesie-Stück für Poesie-Stück –, ist aber nicht nur wahr im Sinne seiner Idee, es ist auch wirklich in der Konsequenz seines Seins. Sehen wir »wirklich Landschaft«, sagt Georg Simmel, »haben wir ein Kunstwerk in statu nascendi«, und auch bei Simmel zielt die These zuletzt auf jenen natürlichen, bis in die Meta-Substanz hinein *reflexiven* Stoffwechsel-Prozeß zwischen Materie und Geist, der die Ent-Sprechung zwischen äußeren und inneren Bildern nicht lediglich plan spiegelt, sondern radikal miteinander verschmilzt. Eben deshalb kann man ja durch Gedichte gehen wie durch Landschaften oder Beziehungen zu ihnen aufnehmen und halten wie zu einem Menschen: »Morgenfrühe // [...] Ich erleuchte mich / aus Unermeßlichem«, erfahren wir mit Guiseppe Ungaretti, einem Meister des präzisen Pathos. Im Sinne solchen Beispiels ist Natur-Poesie immer auch Beweisführung über jenes Maß von Empirie hinaus, das sich – Objektivität simulierend – als »kritisch« adelt, tatsächlich aber nur in Statistik erschöpft. Statistik über jeden und alles sagt zuletzt alles und nichts mehr über das Ganze und seinen Grund. Statistik als Spiel-Material säkularer Gesellschafts-Magie, besonders in ihren artifiziell auftretenden Varianten, versucht deshalb unentwegt das Un-Mögliche: den Zauber des Zusammen-*Spiels* aller Dinge *durch* irreversibel poietisches Zusammen-*Sein* für sich zu nutzen – aber in *dagegen* gerichteten Entzauberungs-Ritualen. Die Banalität des statistischen Welt-Begriffs, gerade auch in seiner dogmatischen Praxis einer artifiziellen Moderne, entspricht so aber nur dem allerneuesten Versuch einer solchen Definition: dem ins Virtuelle. Beiden gemeinsam allerdings ist das aus dem seichten Papiermeer kapitulativer Anthropologie (die im soziologischen Quadrat kreist und glaubt, sie hätte die diesbezügliche Quadratur des Kreises geleistet) aufgestiegene *ur*-utopische Ziel: das *Klon*-Paradies der vollendeten Gleichheit oder die Diktatur des Mechanischen. Solche Mechanik mit »menschlichem Antlitz«, so die Verheißung, funktioniere ebenso schmerzfrei wie glücksvoll in einem. Im Verlust seiner Sinne und damit seines Vermögens zum *Idyll* reproduziert er sich und seine Verfechter jedoch nur ins konsequent Sinnlose. Letztere lesen die gelungene De-Konstruktion zwar wie ein gewonnenes

Sinn-Los schlechthin; aber am Ende solcher Entwicklung wären Steine lebendigere Wesen als »Menschen«, und deren Existenz im Gedicht wäre – wie die von Meer, Licht, Wald oder Wüste, von Liebe, Geburt, Tod, Kampf, Trauer und Glück – nicht mehr begreifbar: weder zu erfahren, noch zu reflektieren. Die Behauptung des Idylls *im* Natur-Gedicht wie *durch* es geschieht aber eben nicht, um der Verlorenheit zu entkommen – wie es das »moderne« Ich hinter der Heroismus-Maske des Ironischen erhofft und doch die Welt nur bis in den vorletzten Winkel ihres *quantitativen* Nichts »durchschaut«, um dort einsam zu verkümmern –, sondern um dem verdichteten Wesen des Seins, seinem Kern und dessen *unerschöpflicher* Formkraft-Entfaltung in die Wiederholung des Originären, nahezukommen. So nur kommt es, um eine Formel zu wagen, im poietischen Prozeß zur Poesie, zur Wort-Werdung des Seins durch Seins-Werdung des Wortes. Was aber hier wirklich geschieht, oszilliert in der zuletzt doch wieder unauflösbaren Paradoxie des Ganzen: »[...] Der Tod die offene See blau und grenzenlos / Der Tod die Sonne ohne Untergang.« (Odysseas Elytis) Aus dieser Paradoxie fliehen zu wollen, ist nicht nur nicht möglich; es ist auch nicht sinnvoll. Allein Zurück-*Sinnen* führt in die unmittelbare Nähe des dem Stoff angemessenen Begriffs und damit zum Be-Greifen des Stoffs; er erfährt und beweist sich in der Symbiose von Taktilem wie

Reflexivem. Es ist, so oft es gelingt, ein Rück-Schluß als *Auf*-Schluß. Der Ort der *religio* im Sinne von *religare* (»zurückbinden«) entspricht solchem Prozeß.

V

Das Stifter-Register aller großen Religionen ist deshalb immer auch der Beginn von Dichter-Registern, was Walter Benjamin dazu verführte, die damit einhergehende Komplementär-Logik durch einen säkularlogischen Komparativ abzulösen. Ihm zufolge kann »religiöse Erleuchtung« schöpferisch überwunden werden nur von der »*profanen Erleuchtung* einer materialistischen [...] Inspiration«. Das bestreitet zwar immer noch nicht ein wirkmächtiges auratisches Prinzip in der Kunst, glaubt aber dennoch an den Einsatz eines damit notwendig in Verbindung stehenden sozialemanzipatorisch aufgeladenen Adjektivs, was man andererseits jedoch als eine besonders listige Apologetik des Prinzips lesen könnte. Die berühmte Autonomie-Frage in diesem Zusammenhang ist jedenfalls immer noch modern, aber ebenso ist sie nach wie vor irrelevant. Die Kraft des Stoffs, den wir den Grund-Stoff zur Natur nennen wollen, sein poietisches Erscheinungs-Vermögen bis in Gestalt und Gewähr des Natur-Gedichts, liegt zuletzt jenseits aller seiner möglichen Definitionen durch profane oder sakrale Texte.

Doch ist jeder *heilende* Text *heiliger* Text und umgekehrt; andere werden zwar auch produziert, aber nicht wirklich benötigt. Soviel *Gesetz* war immer. Allein an ihm richtet sich aus, was Freiheit genannt zu werden verdient, auch Natur also, *vor* allem Natur, und also die Poesie: »Heut fährt der Gott der Welt auf einem Floße, / Er sitzt auf Schilf und Rohr, / Und spielt die sanfte, abendliche, große, / Und spielt die Welt sich vor.« (Oskar Loerke)

Literatur

Walter Benjamin: *Angelus Novus*, Frankfurt am Main 1988
Rüdiger Bubner: *Einleitende Betrachtungen*, in: Rüdiger
  Bubner, Burkhard Gladigow und Walter Haug: *Die
  Trennung von Natur und Geist*, München 1990
Martin Heidegger: *Der Anfang des abendländischen Denkens. Heraklit*, in: GA Band 55, Frankfurt am Main 1994
Ders.: *Die Überwindung der Metaphysik*, in: GA Band 67,
  Frankfurt am Main 1999
Peter Huchel: *Die Sternenreuse*, München 1981
Ders.: *Gezählte Tage*, Frankfurt am Main 1973
Odysseas Elytis: *Oxópetra Westlich der Trauer*,
  Frankfurt am Main 2001
Eckart Kleßmann: *Barthold Hinrich Brockes*,
  Hamburg 2003
Oskar Loerke: *Gedichte*, Frankfurt am Main 1983
Saint-John Perse: *Seemarken*, Zürich o. J.
Giorgos Seferis: *Poesie*, Frankfurt am Main 1987
Georg Simmel: *Das Individuum und die Freiheit*,
  Berlin 1984
Wallace Stevens: *Der Planet auf dem Tisch*, Stuttgart 1983
Guiseppe Ungaretti: *Ich suche ein unschuldiges Land*,
  München 1988

»Unterricht von Göttlichen Sachen«

Über den einen Ursprung
von Gedicht und Gebet.
Eine Hypothese

I

Wer in der Welt ist, stößt – so er Zeit findet, dem Wort, über seinen alltäglichen Gebrauch hinaus, *elementar* zu vertrauen – früher oder später auch auf die Macht des Gebets. Wer das Gebet aber in diesem Sinne erfährt, als *Ergriffen*-Werden und -Sein des Subjekts durch den *logos*, also des Menschen durch *den*, dessen Geist im Anfang, wie die *Genesis* sagt, »auf dem Wasser (schwebte)« oder, wie genauer zu übersetzen wäre: »vibrierte«, »zitterte« vor schöpferischer Erregung, *der* steht zugleich an der Quelle des Gedichts. Die Geschichte des Gedichts ist deshalb ohne die Geschichte des Gebets nicht oder nur mißzuverstehen. Seine Kraft bezieht es, wie das Gebet, aus Gründen, aus denen sich das *unbewußte,* im Sinne Leibnizscher Prägung: *prästabilierte* Wissen aller Wörter und

Sprachen speist. Es sind jene *letztersten* Gründe, in denen die Welt zu dem kommt, also *zurückkehrt* zu dem, was Gott ist, da sie im Moment solcher Ankunft unwiderlegbar von ihm weiß, aber auf die natürlichste, das heißt *radikalste* aller Weisen: durch *Identität*. Diese Gewißheit, die kein Wissen nach Wissenschaftsart ist, aber *ur*gewährtes Erkennen, das sich seiner etymologischen Wurzeln im »Seherischen« bewußt ist und sie bewahrt hat wie sich die Quelle im Ton des Geräusches des von ihr ausgehenden Wassers, macht Gebete und Gedichte zu geschwisterlichen Texturen kommunizierender Weltdurchdringung auf den Wahrheitskern der Schöpfung hin, der das Subjekt im Objektiven zwar verbirgt, aber eben auch *birgt:* Er ist, wenn wir so wollen und um ein Bild zu nutzen, das jedem vertraut ist, *die* Hand, die sich schließt und öffnet, in *der* Harmonie, die ihren Rhythmus setzt und bestimmt. In Gedicht und Gebet erkennen wir nicht nur beides als möglich, wir erfahren es auch als *wirkliches* Geborgen-Werden, ja Aufgehoben-Sein durch eine spirituelle *Trost*-Vertikale im umfassenden Ursinne des Wortes »Trost«, das in einem seiner Bedeutungs-Abzweige so essentielle Beziehungsformen wie »Vertrag« und »Bündnis« mit einschließt. Von diesem offenen Geheimnis, das ein gemeinsames ist, leben Gedicht und Gebet seit Beginn ihres Erscheinens in den heiligen Bezirken des Menschen. Und trotz ihrer unübersehbaren Trennungsgeschichte im anhaltenden

Zeitalter der Säkularisation, die aber nichts anderes ist als Scheidungs-Druck von *außen*, Lesart-*Diktat* des *wirklichen* Lesens Unkundiger, *bleibt* sie tiefengeschichtlich und damit perspektivisch eine gemeinsame. Es ist die innige Verbindung von, nüchtern gesprochen, »traditioneller Ritualpoesie« und »individueller Hymnenpoesie«, wie sie in Friedrich Heilers grundlegender Studie »Das Gebet« (1918) im religionsgeschichtlichen Vergleich rekonstruiert wird. Letztere, so Heiler, wächst, in einer Art Parallel-Prozeß, aus ersterer heraus, die aber »den Zusammenhang mit der älteren Kultpoesie noch deutlich offenbart«. Heilers materialreicher Versuch, mittels religionsgeschichtlicher Empirie den offensichtlich kulturgenetischen Doppelcharakter des Gebets, das sich mit entsprechender Prozeßlogik ins Gedicht entfaltet, *positive* Wissenschaft werden zu lassen, ist dennoch bereits drei Jahrhunderte zuvor geradezu genial vorweggenommen worden in der Formel von der Poesie als einer »verborgenen Theologie«. Zu finden ist dieses Glanzstück spekulativer Erkenntnis in Martin Opitz' »Buch von der Deutschen Poeterey«. 1624 erstmals erschienen, lautet der ganze Satz, in dem sie steckt: »Die Poeterey ist anfanges nichts anders gewesen als eine verborgene Theologie / und unterricht von Göttlichen sachen.«

Unterricht von göttlichen Sachen: Es gibt eine Stelle im Neuen Testament, im Ersten Brief des Paulus an die Gemeinde in Korinth, die aufs Äußerte verdichtet zur Sprache bringt, was dem Gebet wie dem Gedicht im Sinne solcher Substanz zuwächst, die wiederum aus unableitbarer Quelle strömt und in die heilsame Dynamik einer retardierenden Kommunikationsstruktur mündet. In ihr spricht, alle Zeit *lösend,* was schweigt, und schweigt, jede Zeit *bindend,* was spricht:

»Wir sehen jetzt durch einen Spiegel in einem dunklen Wort; dann aber von Angesicht zu Angesicht.«

Diese Spiegelung auf dem schwarzen Eis eines, sagen wir: kosmo*logischen* Ur-Meeres, die Spiegelung durch *es* hindurch *ist* in immer *tiefere* Spiegelungen, eignet die transitorische Funktionspotenz einer Membran: durchlässig, um *erscheinen,* aber durchlässig eben auch, um wieder *schwinden* zu können.

Die Frage ist, was geschieht hier, und warum in zweifache Richtung?

In der fünften seiner »Hymnen an die Nacht« gibt Novalis – über den historischen Adressaten Schiller (und sein gewogen und zu leicht befundenes, weil lediglich mit antiken Begriffs-Requisiten ausstaffiertes Götter-Theater in »Die Götter Griechenlands«) hinaus – eine Antwort, die in paradigmatischer Weise nicht nur unserer Hypothese zuarbeitet. Sie ist auch ein wesentlich zeitresistenteres *Korrektur*-Programm zur Aufklärungs-Klassik *Weimarer* Fasson, insofern sie im Kontext des ganzen Entwurfs ein Welt-Bild zu fassen versucht, das in seiner radikalen Licht-Schatten-Dialektik eher den Welt-Blick des *Psalmisten* voraussetzt, der von der griechischen Himmels-Komödie, selbst in ihrer Tragödien-Form, nichts weiß, dafür um so mehr vom Abgrund hinter solchen Maskeraden.

»Getrost, das Leben schreitet / Zum ewgen Leben hin; / Von innrer Glut geweitet / Verklärt sich unser Sinn. / Die Sternwelt wird zerfließen / Zum goldnen Lebenswein, / Wir werden sie genießen / Und lichte Sterne sein. // Die Lieb' ist frei gegeben, / und keine Trennung mehr. / Es wogt das volle Leben / Wie ein unendlich Meer. / Nur Eine Nacht der Wonne – / Ein ewiges Gedicht – / Und unser aller Sonne / Ist Gottes Angesicht.«

II

Wenn dem Menschen ein Ziel gegeben ist im Prozeß der Schöpfung, *vor* der wir, um eine Denkfigur Karl Jaspers anzuwenden, Gott wissen wie ein *umgreifendes* Ganzes, zu dem uns *un*erkennbare Weisen des *Ein*-Greifens ebenso gehören wie die, derer wir *ansichtig* geworden sind und noch werden – wenn also das Ziel solcher Qualifikation das Geschöpf, das wir sind, *ontisch* präferiert, mithin als nicht ausradierbar auszeichnet – in welcher Transsubstantiations-Linie auch immer –, dann ist damit auch ein *Unterschieden-Sein* zum übrigen Welt-Inhalt ins Spiel gebracht, dem der Wille eines Gottes entspricht, der über sich mitteilt: »Ich bin, der ich bin.« In dieser Souveränität keimt nicht nur alles, was uns bio-morphologisch ausmacht. Unendlich mehr geschieht: Daß *der* Gestalt, die da *so* mit*sein* darf, wie wir es dürfen, *Stimme* gewährt wird, damit sie zu jenem *Wort* kommen kann, das schon, aber vor allem »im Anfang war«, und dieses Wort Stimme werden, also *vernehmbar,* ist wiederum nichts weniger als radikale Teil-*Habe* am Souveränen selbst. Emmanuel Levinas spricht in seinen Talmud-Lesungen »Jenseits des Buchstabens« von der »wunderbaren Kontraktion des Unendlichen« und dem »Einwohnen des ›Mehr‹ im ›Weniger‹« in Bezug darauf, »daß das Wort Gottes in derselben Sprache […] Eingang findet, derer sich untereinander die Geschöpfe bedienen«. Das »religiöse Wesen der Sprache«, das für Levinas unbestreitbar ist, ist aber nicht nur »Ort des Ursprungs der Heiligen Schriften aus der Prophetie« – »jede Literatur« setze ihn voraus oder »gedenke« wenigstens seiner, »ob sie ihn nun feiere oder profaniere«. Für Walter Benjamin schließlich »vollendet sich [Gottes Schöpfung], indem die Dinge ihren Namen vom Menschen erhalten, aus dem im Namen die Sprache allein spricht.« Unter solchem Gewölbe uns eingeräumter spiritueller

Bewegungsfähigkeit, das wiederum nur Winkel im universellen Dom ist, zu dessen Zentrum es aber Pforten gibt, Verbindungsgänge, Mauerdurchbrüche, wächst der gewaltige Satz Léon Bloys: »Das Gebet ist die Arbeit der Freien«, zu finden in seinem »Journal« aus dem Jahre 1924. Damit ist zugleich die Bewegungs-*Methode* genannt, mit deren Hilfe wir im universellen Dom zu kreisen vermögen, das wohl ein Suchen sein mag, aber eben kein Irren ist. Vom selben Erkenntnisort aus, nur über ein Jahrhundert zuvor, attestiert Friedrich Schlegel »allein« der *Poesie*, die ihm, wie allen Romantikern, eine Weise von Religion war, »frey« zu sein. Das ist natürlich kein Zufall, sondern Resultat jener anderen, ganz anderen Wissenschaft, der sein Zeit- und Geistgefährte Novalis das Programm in Versen schrieb:

»Wenn nicht mehr Zahlen und Figuren / Sind Schlüssel aller Kreaturen, / Wenn die so singen oder küssen, Mehr als die Tiefgelehrten wissen, / Wenn sich die Welt ins freye Leben, / Und in die Welt wird zurück begeben, / Wenn dann sich weder Licht noch Schatten / Zu ächter Klarheit wieder gatten, / Und man in Mährchen und Gedichten / Erkennt die wahren Weltgeschichten, / Dann fliegt vor Einem geheimen Wort / Das ganze verkehrte Wesen fort.«

III

An dieser Stelle werden uns die falschen Erben Nietzsches auslachen, all jene, die den Narren-Monolog »Wohin ist Gott?« aus der »Fröhlichen Wissenschaft« und seine Antwort: »Ich will es euch sagen! Wir haben ihn getötet« zum Credo ihrer Welt-*Anschauung* gemacht haben, von der sie die Methode ihrer Welt-*Aneignung* ableiten. Gebete wie Gedichte sind ihnen *gleich*(un)gültige Währungen im genannten Zugriffsverfahren. Ihr Text ist die Prosa der »Begriffsmechanik« (Heidegger), die sie gelegentlich mit Poesie verwechseln, wenn ihnen, was ebenso gelegentlich geschieht, Gefühle dazwischenkommen: *Restbestände*, so die dann doch schnelle Deutung, biochemischer Substanzen, die irgendwo im Hirn gezündet werden. Das ist alles, bis es verbraucht ist. *Verbraucher*-Texte erfüllen deshalb *ihre* Zwecke, indem sie ihren *Zweck* erfüllen. Der Typus, der sich so erschöpfend beschreiben läßt, wünscht übrigens, Humanist genannt zu werden. Heidegger hat ihn im Anschluß an Hölderlin als Protagonisten jener »dürftigen Zeit« erkannt, die »bereits so dürftig geworden« ist, daß sie »nicht mehr vermag, den Fehl Gottes als Fehl zu merken«. Wir dagegen sind, wenn es harmlos bleibt, allenfalls anachronistisch. So scheint es. Aber was sind wir wirklich?

Es könnte sein, daß es auf diese Frage keine Antwort gibt, und daß sie genau darin besteht. Es könnte nämlich sein, daß es Fragen gibt, die kein Recht auf eine Antwort haben, in dem Sinne, daß ihnen jede Notwendigkeit fehlt. Die Bedeutung des Begriffs hier erinnert aber nicht nur an einen möglichen katastrophischen Anlaß, es gibt auch Notwendigkeit mit *gutem* Grund. Das frühe Trakl-Gedicht »Geistliches Lied« könnte dafür vielleicht als Modell gelten, in dem darüber hinaus Gedicht *und* Gebet in jener zu Anfang reflektierten Kongruenz ankommen, darin sich ihre *eine* Herkunft gründet und so dem folgt, was Heidegger in seinem Vortrag »Wozu Dichter?« (1946) dem Poeten angesichts der »Weltnacht« durch den »Fehl Gottes« geradezu insistierend rät: »Dichter sein in dürftiger Zeit heißt: singend auf die Spur der entflohenen Götter achten. Darum sagt der Dichter zur Zeit der Weltnacht das Heilige.«:

»Geistliches Lied // Zeichen, seltne Stickerein / Malt ein flatternd Blumenbeet. / Gottes blauer Odem weht / In den Gartensaal herein, / Heiter ein. / Ragt ein Kreuz im wilden Wein. // Hör' im Dorf sich viele freun, / Gärtner an der Mauer mäht, / Leise eine Orgel geht, / Mischet Klang und goldnen Schein, / Klang und Schein. / Liebe segnet Brot und Wein. // Mädchen kommen auch herein / Und der Hahn zum letzten kräht. / Sacht ein morsches Gitter geht / Und in Rosen Kranz und Reihn, Rosenreihn / Ruht Maria weiß und fein. // Bettler dort am alten

Stein / Scheint verstorben im Gebet, / Sanft ein Hirt vom Hügel geht / Und ein Engel singt im Hain, / Nah im Hain, / Kinder in den Schlaf hinein.«

Schöner können Glück und Unglück, die unwandelbaren Existenz-Ingredenzien des Menschen, kaum zur selben Zeit Gott zugeweint und zugelacht, zuerst und zuletzt also *gebetet* werden. Nur kommt der Bogen der Traklschen Poesie am Ende, wie besonders die erste der vier Fassungen des Nachlaß-Gedichts »Im Schnee« zeigt, an die Grenzen dieses Modells – und wird was? Ein neues, das den vorangegangenen Text-Grund lautlos aufhebt, kühl dementiert oder konsequent zerstört? Oder vollendet es vielmehr alles? Im Sinne jener Vollständigkeit, der wir nur *in tergo*, auf der Rückseite ein und desselben, begegnen?

»Im Schnee // Der Wahrheit nachsinnen – / Viel Schmerz! / Endlich Begeisterung / Bis zum Tod. / Winternacht / Du reine Mönchin!«

Das Gedicht wäre in der Tat Gegen-Modell, gäbe es eine unüberbrückbare Differenz zwischen dem »Bettler« im »Geistlichen Lied«, den scheinbar der Tod im Gebet ereilt hat, und dem Schmerzens-Mann »Im Schnee«, der an eine furchtbare Wahrheit geraten ist, die aber dem Tod dennoch den Stachel nimmt. Die Differenz ist deshalb *in nuce* nichts anderes als die

Doppel-Gestalt des *paradoxen* Psalms, den das Traklsche Gedicht beständig in sich voraussetzt, und der naturgemäß ebenso beständig zwischen Lob und Klage changiert und in dieser Wechsel-Struktur je und je nur eines ändert: den Akzent. Aber genau das ist seine Wahrheit »jenseits des Buchstabens«. Beide Texte sind jedenfalls starke Beispiele für unsere Hypothese, daß es, wie der Berliner Philosoph Wilhelm Schmidt-Biggemann in seiner »philosophischen Topik« (1992) geradezu apodiktisch notiert: »ohne Gott / Göttliches, sei es im schmerzlichen Verlust oder in der glücklichen Anwesenheit, […] keine Poesie [gibt]«.

IV

Was der Philosoph weiß, weiß der Dichter schon lange. Aber in welcher Massivität hat sich solches Wissen erhalten, tradiert und ist nicht etwa grundsätzlich abgelöst worden vom Moderne-Mißverständnis von Dichtung schlechthin: als einer, so der Münchener Germanist Karl Eibl in seinem systematischen Versuch über »Die Entstehung der Poesie«, »Simultanthematisierung von Bestimmtem und Unbestimmtem«, der das »Rätselhafte« nicht aus ihrem Charakter, dem »Poesiecharakter«, zufließe, sondern sich »mangelnder Zugänglichkeit« des jeweils »fremdkulturellen Kontexts« verdanke. Eibls Operation, in der

Sprache Luhmannscher Systemtheorie betrieben, endet zwingend und deshalb ohne Überraschung in einem ebenso formalen wie sinnentleerten *Autonomie*-Begriff, unter dessen Deutungs-Herrschaft »Dichtung sich zum profanen Diskurs verselbständigt«. Daß eine rettende Rest-Differenz von »eigentlicher und uneigentlicher Rede« schließlich »auch für die Poesie genutzt werden« könne, um Eigenwert zu behaupten, ändert nichts mehr am Verschwinden der Poesie auf einer gigantischen Material-Halde aus literaturgeschichtlichem Wort-Schutt, mit dem man, wenn es hoch kommt, gerade noch tautologisch spielen kann. Luhmann selber hat in diesem Zusammenhang zu der eher dürftigen, dem vorausgesetzten Faszinosum jedenfalls strikt ausweichenden Pointe gefunden: »Am faszinierenden Beispiel moderner Lyrik war zu lernen, daß Inkommunikabilität, welche Folgen sie für die psychischen Systeme immer haben mag, Kommunikation nicht daran hindert zu kommunizieren.«

Hier nun ist der Punkt erreicht, wo das, was wir »positivistische Verzweiflung« nennen wollen, die vor lauter *Kontingenz*-Bildern, wenn es um das Sein und seine Gestalt-Folgen geht, nicht mehr die Kraft aufbringt, über phantastische Verfahren wie Traum, Ahnung oder einfach Gespür, also auch über Gebet und Gedicht, das *Stringenz*-Prinzip am Grunde des Ganzen zu wissen, umschlägt in unnötige Not, das heißt in zuletzt geistlose Formelfolgen, denen nichts anderes gelingt, als die Welt und ihre Wirklichkeiten vollends leerzurechnen. Was das Gedicht an dieser Stelle ausspricht, muß nicht weniger Formel sein – am Ende dieser Formel aber hat sich die Welt, die verdichtet in ihr erscheint, eben nicht nur quantitativ erfüllt, sondern *im Wort,* das ein poetisches, also Wahrheit *bewahrendes* ist, dem Rudolf Borchardt in »Das Geheimnis der Poesie« die Mittler-Funktion »zwischen Hinfall und Dauer« zusprach.

Kein genaueres Beispiel aus dem Repertoire der Gegenwartslyrik fällt mir an dieser Stelle ein als Elisabeth Borchers Gedicht »Märchen«:

»Auf der Suche / nach etwas Schönem wie Schnee / ging ich leer aus / bis es des Wegs zu schneien begann.«

In einem anderen Gedicht dieser Lyrikerin – »Daß ihr erfahrt wie es um mich bestellt ist«, sein Titel –, nach Abwehr- und Verwerfungs-Rhetorik gegen das Umstellt-Sein von Dingen und Bedingungen urbanmedialer Aggressivität, die sich noch auf die am Ort heimisch gewordene Tierwelt überträgt und so Leben unter totale Entfremdungs-Not zwingt, »bittet« das lyrische Ich niemand anderen als »die Heiligen Buchstaben / mein Leben zu verlängern«, also zu *retten.* Um schließlich mit einer Behauptung zu enden, die der Welt das Numinose nicht nur zuspielt wie einen einmaligen und damit irrelevanten Zufall: Durch die ironisch aufschimmernde Lakonie des Schlußverses – »Was wiederholt geschehen ist.« – kommt vielmehr eine gelassen machende Erfahrung in Sicht und zur Sprache, die aus dem scheinbaren Hilferuf im Titel eine Botschaft der Stärke werden läßt, der alles Kontingente durch den bezeugten Erfahrungs-Plural abgesprochen wird. Und doch verhärtet oder verklärt sich nichts durch verbales Eloxieren oder Auratisieren; es bestätigt sich aber auf eine fast selbstverständliche Weise, »daß Gott auch eine profane Angelegenheit ist«, wie Ortega y Gasset in seinem Essay »Gott in Sicht« vor einem halben Jahrhundert wiedererinnerte, angesichts seines Befundes, daß – außer der Religion – »die übrigen Zweige kultureller Tätigkeit das Thema des Göttlichen haben fallen lassen […], so daß es allgemein in Vergessenheit geraten konnte«.

V

»Es gibt keine religiöse Poesie«, hat Rudolf Borchardt in »Das Geheimnis der Poesie« gesagt, »denn Poesie ist immer Religion.« Woher er das wußte? Eine Antwort darauf gab 1963, dreiunddreißig Jahre nach Borchardts Rede an der Berliner Universität, ein russischer Dichter, und er gab sie vor dem Gericht einer *a*-theistischen Diktatur, der Sowjetunion, das ihn aus politischen Gründen angeklagt hatte. Auf die von unfreiwilliger Komik nicht unfreie Frage des Gerichts, »wer ihn dazu befugt habe, sich als Dichter zu bezeichnen, obwohl er kein Mitglied des Schriftstellerverbandes sei«, antwortete der spätere Literaturnobelpreisträger Joseph Brodsky mit leiser, aber fester Stimme: »Gott.«

Der Ton der Freiheit

Anmerkungen zu einer Moral der Poesie

Dem Projekt Ästhetik und Kommunikation *gewidmet: Seinem libertären Charakter in einer Zeit neo-ideologischer Grenzziehungen; seiner Leidenschaft für geistige Spiel-Räume, die sich zum 100. Mal unter diesem Titel eröffnen.**

Zuvor vielleicht dies: Ein Thesen-Wagnis, das um die Notwendigkeit der Falsifikation von Thesen grundsätzlich weiß: *Wenn es das Gedicht nicht gäbe, gäbe es die Welt nicht in ihrer subjektiven Zuspitzung: auf der sie – als ästhetisches Freiheits-Ereignis – beruht.*

---

* Ästhetik & Kommunikation, *Heft Hundert, Von Frankfurt zur Berliner Republik,* April 1998

I

Der Satz, in den Raum der Zeit behauptet, kollidiert mit allen Mißverständnissen und Mißbräuchen, die im Kontext, der das katastrophische 20. Jahrhundert ist, möglich sind. Aber dieser Kontext ist heute zuerst und zuletzt ein hermeneutisches Problem; die *Substanz*, um die es geht, weil es sie gibt wie die Elemente, berührt er zwar – doch trifft er sie nie als Endpunkt einer *destruktiven* Prozeßlinie, an der sich die totale Herrschaft des Un-Ästhetischen, also immer *auch* Un-Schönen und Un-Wahrhaftigen nachweisen ließe.

Das Gedicht kehrt, nach jeder Destruktion, wieder: *im Menschen*, der nach jeder Destruktion wiederkehrt: Nicht in alter Herrlichkeit, also im Gewande schöner Klischees oder klischierter Schönheit, sondern in der jeweiligen *neuen* Möglichkeit, die uns *zuwachsend* bleibt, selbst wenn wir nicht mehr zu sein scheinen oder nur noch *scheinbar* sind – wie jenes verlorene Korn in wüstem Gelände, dem eines schwer zu berechnenden Tages *Regen* zufällt, um zu keimen, zu wachsen, zu blühen und wieder *verlorenes* Korn zu werden. Damit bleibt die Chance zugleich ein Geheimnis.

II

Wovon reden wir, wenn wir *so* vom Gedicht reden in poesieferner, ja poesie*feindlicher* Zeit? Wo es von einem zum Glück zwar entideologisierten, aber unglücklicherweise auch entpolitisierten oder gar antipolitischen Feuilleton allein noch in jenen Spiel-Ecken der Erlebnis-Gesellschaft zugelassen wird, in denen die Spiel-Automaten als quasikulturelles Provinz-Ereignis und Welt-Symbol stehen: Nehmen Sie nicht ernst, was da passiert, wenn es sich dreht, wenn es blitzt, wenn es klimpert: »Keine Magie findet er hier; der Dichter ist kein Priester und Künder, sondern nur Profiteur des Zufälligen, das er für seine Zwecke arrangiert«, so der Literaturkritiker Gustav Seibt über Robert Gernhardts Gedichte, die er als *maßgebliches* Beispiel mißverstanden wissen möchte, wo sie doch – wie alle – »nur« ein *gleichwertig* subjektiv *mögliches* sein können.

Celan spricht in einem Brief aus dem Jahre 1960 von der anderen, *ganz anderen* Voraussetzung des Gedichts: »Nur wahre Hände schreiben wahre Gedicht.«

Was meint das: in seiner stillen, ja klandestinen Radikalität, die doch ihren offenen und gar öffentlichen Ausdruck findet im Celanschen Gedicht selbst, das für seinen Schöpfer ein immer nur aus tiefster Notwendigkeit preisgegebenes ist?

Aus seiner Begegnung mit den Gedichten Mandelstams leitete Paul Celan seine, wie man sie nennen könnte: *Moral der Poesie* ab, indem er am 29. Januar 1959 einem Briefpartner schrieb: Ich hatte »bei meiner Begegnung mit den Gedichten Mandelstams den Eindruck des unabdingbaren Wahren, das seine Sinnfälligkeit und seinen Umriß der Nachbarschaft eines Äußersten und Unheimlichen verdankt, das, ebenso lautlos wie vernehmlich, mitspricht – und wohl auch über das Gedicht hinausspricht.«

Das wird später, in jenem Brief vom 18. Mai 1960 an Hans Bender – verdichtet, aber nicht nur – wiederholt; es wird auch sehr bewußt ins Polemische gewendet:

»Gewiß, es gibt Exerzitien – im geistigen Sinne ... Und daneben gibt es, eben, an jeder lyrischen Straßenecke, das Herumexpimentieren mit dem sogenannten Wortmaterial. Gedichte, das sind auch Geschenke – Geschenke an die Aufmerksamen. Schicksal mitführende Geschenke. »Wie macht man Gedichte?« Ich habe es vor Jahren eine Zeitlang mit ansehen und später aus einiger Entfernung genau beobachten können, wie das »Machen« über die Mache allmählich zur Machenschaft wird ... Wir leben unter finsteren Himmeln, und – es gibt wenig Menschen. Darum gibt es wohl auch so wenig Gedichte.«

III

Eine Literaturgesellschaft, die das Gedicht konsequent mit Spiel-Automaten verwechselt, sich also symbolhaft und praktisch in mechanistische Welterklärungs- und Beherrschungsmodelle zurückgeflüchtet hat, weil die Rekonstruktion der *ideellen*, also *wirklich freien*, zu anstrengend und risikoreich geworden ist, muß über einen wie Celan ins Verlachen geraten. Aber das geschieht vor allem aus Angst, weil ihr jede Kraft zur Hoffnung fehlt.

Seamus Heaney kommt in seiner *Verteidigung der Poesie* auch aus solchem Grund zu der Erkenntnis, daß *das*, was der Dichter Vaclav Havel über die *Hoffnung* sagt, »ebenso gut auf die Poesie« bezogen werden kann:

»Sie ist ein Geisteszustand, kein Zustand der Welt. Entweder wir haben Hoffnung in uns oder wir haben keine; sie ist eine seelische Dimension, und die hängt nicht wesentlich ab von einer bestimmten Wahrnehmung der Welt oder Einschätzung der Situation ... Sie ist eine Ausrichtung des Herzens; sie transzendiert die unmittelbar erlebte Welt und ist irgendwo hinter deren Horizont verankert. Ich glaube nicht, daß man sie als bloßes Derivat von etwas Diesseitigem erklären kann, einer Bewegung oder irgendwelcher positiver Anzeichen in der Welt. Ich meine, daß sie letztlich im Transzendenten wurzelt, ebenso wie die Verantwortlichkeit des Menschen. Sie ist nicht die Überzeugung, daß etwas gut ausgehen wird, sondern die Gewißheit, daß etwas einen Sinn hat – gleichgültig, wie es ausgeht.«

Schlußfolgernd aus dieser analog verstandenen Hoffnungs-Definition Havels sagt Heaney schließlich über die Poesie:

»Sie wird zu einer anderen Wahrheit, zu der wir Zuflucht nehmen können, in der wir uns mit größerer Berechtigung und Befähigung selbst erkennen können. Tatsächlich schenkt uns die Dichtung ... die Erfahrung von etwas Stärkendem und Unvergeßlichem, etwas, das im Laufe eines ganzen Lebens immer weiter an Wert zu gewinnen vermag.«

Seamus Heaney hat im deutschen Feuilleton nach der Verleihung des Literaturnobelpreises an ihn nicht nur Lob geerntet; er durfte sich auch als irischer »Blut- und Boden-Dichter« unter Verdacht stellen lassen.

Zu jener deutschen Feuilletonisten-Angst kommt also auch noch eine Armut an Freiheitslust, die das Gedicht als *Wagnis-Textur* unserer Existenz unter Generalverdacht stellt: Lyrik darf hier im wahrsten Sinne des Wortes nur noch horizontales Wort-Gewerbe sein, seine vertikale Dimension, die Tiefenstruktur, von der Celan und Heaney gesprochen haben wie zitiert, ist »Priesterlüge«, »falsche Feierlichkeit« (Gustav Seibt).

Das ist übrigens weit entfernt von jener – im ambivalenten Sinne – *kritischen* Vermutung Adornos, daß es nach Auschwitz »barbarisch« sein könnte, noch Gedichte zu schreiben. Denn Adorno fragte nicht nur *angemessen* auf ein wenige Jahre zuvor zu Ende gegangenes Schreckensgeschehen, das im harten Kern ein deutsches politisches Maximalverbrechen war. Adorno vermochte sich später auch zu korrigieren, weil er dem toten Diktator und seinen Helfern nicht auch noch die *Poesie* zu opfern bereit war.

IV

Wir leben zweifelsohne in einer seit langem entzauberten Welt, manche sagen: in *nach*metaphysischen Zeiten. Aber daß der Mensch durch diesen Prozeß, den Max Weber schon früh analysiert hat, erkennbar glücklicher geworden wäre, wird am Ende des 20. Jahrhunderts keiner im Ernst behaupten wollen. Das neue Jahrhundert wird deshalb gezwungen sein, eine Art *Re-Mythisierung des Lebens* zu wagen, ein Wiederanschließen an den Fluß der Mythen zu riskieren – diesen Ur-Texten menschlicher Existenz, die alle Poesie, auch die moderne fortgeschrieben hat.

Diese Freiheit müssen wir uns nehmen; *diese* Arbeit müssen wir uns machen: im Gedicht, so wie wir sie uns ja auch im Leben ganz ungebrochen nach Lebens-Brüchen nehmen und tun.

Es gäbe sonst keine zweite Verliebtheit nach der entzauberten ersten. Oder kein Leben nach dem Tod: *hier* auf Erden. Wo sonst? Aber sonst vielleicht gar nicht.

Zynismus ist eine Verfallserscheinung des Humanen, keine Existenzform des Lebendigen. »Alle Situationen der Poesie«, sagt Rudolph Borchardt in seinem Essay *Das Geheimnis der Poesie*, »sind symbolisch, denn alle sind auf das Göttliche gezielt.«

V

Und so will ich, von der Poesie endlich auf die ganze Kunst schließend, in die gewisse Vermutung eintreten: Unlösbar wie keine Rechenaufgabe, bindet uns die Kunst an den Kraft-Grund unserer Existenz als Individuum und Gattung und entbindet uns zugleich in die persönliche und gesellschaftliche Perspektive unseres Lebens.

Daß es nicht spannungsärmer zu leben ist, als es ist, darauf verweist sie. Also ist Spannungs-*Reichtum* ihre Pointe, nicht jedoch die glitzernde Entspannungs-*Armut* unserer Zeit, die den Spiel-Automaten auf den Thron gesetzt hat. Um *jene* Pointe dreht sich unser

Leben. Vom ersten bis zum letzten Tag. Nicht um *diese*. Alle Versicherungsgesellschaften bestreiten dies, indem sie behaupten, man könne dem ausweichen, auch die politischen werben mit Slogans dieser Art.

Doch daß die Kunst, und damit auch die Poesie, andere Policen ausstellt, ist unsere Chance: *zur Freiheit*. Es sind übrigens die wertbeständigsten, über die der Mensch verfügt. Mit Gedichten im Kopf haben Menschen die Höllen von Auschwitz und Kolyma überlebt: Psalmen sind *auch* Gedichte.

Die juristischen und politischen Versicherungspolicen, die sie zuvor erworben hatten, waren da längst wertlos geworden.

Wiesenglück und Weltenbrand

Von der Notwendigkeit der Poesie
angesichts des Bösen in der Geschichte

*Laudatio zur Verleihung des Hans-Sahl-Preises 2001
an Reiner Kunze*

I

Irgendwann am Beginn der achtziger Jahre des vorigen Jahrhunderts, vielleicht an einem Spätsommertag im September, auf jeden Fall aber nach einem »großen Regen«, steht ein Dichter aus Deutschland auf seinem Grundstück und blickt, sein Haus hinter sich wissend, mit Augen und Seele einen Hang hinab: Die offenbar bewachsene Fläche ist zuvor, so können wir spekulieren, von ihm oder einer anderen Person mit einem Gartenwerkzeug bearbeitet worden – in einer scheinbar zweckorientierten Absicht aus Gestaltungslust und Reinigungswillen. Nun ist der Prozeß, der vielleicht aber auch nur einfacher Naturgewalt geschuldet war, beendet und eine lange Ruhesekunde beginnt – jene berühmte »Mußestunde«, in der, zumal bei einem Dichter, aus *Wirklichkeits*-Bildern *Bilder*-Wirklichkeit entsteht, die das Gesehene, vormodern formuliert, zum *Geschauten* werden läßt: Das Reale wird visionär, das Visionäre real, das Vertraute verfremdet sich, das Gewöhnliche nimmt besondere Gestalt an, weit auseinander Liegendes rückt enger zusammen: die Dinge verdichten sich. Aus Semiotischem, heißt das auch, wird Semantisches und, umgekehrt, aus der Bedeutung das Zeichen. Im Vollzug der phantastischen Operation aber, im Kleinen wie Großen, erhebt sich die Welt als *symbolisches* Ereignis – wird zur Erinnerungsscherbe, wie die Griechen wußten, in der sich mehr spiegelt, als zu sehen ist: Im *symbolon* verwandelt sich der materiale Riss durch Dinge, Beziehungen und Verhältnisse in eine ideale Kontaktlinie, fügt sich Bruchstück zu Bruchstück zum Ganzen. Wo wir aber so ganz werden, nehmen wir uns als Geheilte wahr, Schönheit steigt auf, Zauber. Etwas hält die Zeit an, doch erstarren wir nicht dabei. Es war die *aisthesis* des Aristoteles, die zuerst Sinnlichkeit *und* Sinn untrennbar zusammengedacht hat.

Der Vorgang, eine Leistung des Gehirns des Menschen, der, so heißt es, der *bewußteste* Teil der Natur sei, hat eine Analogie in der unbewußten Natur selber, von der er in solchen Momenten wie abgeleitet scheint: die Luftspiegelung, auch *Fata Morgana* genannt. Das Phänomen kann, als Teil der Physik des

Atmosphärischen, naturwissenschaftlich erklärt werden; doch ist diese Verstehensmöglichkeit hier zu vernachlässigen.

Vielmehr führt uns ein Blick auf die etymologischen Wurzeln weiter, indem er die Geschichte der gegenwärtigen Bedeutung von *Fata Morgana* freilegt, das wir mit »Trugbild« zu übersetzen gewöhnt sind, mit »Wunschbild«, mit »Sinnestäuschung«. Sprachgeschichtlich handelt es sich dabei um eine Kombination des arabischen Wortes *margan* für »Koralle«, das auf das griechische *margarites* – »Perle« – zurückgeht, mit dem italienischen Wort für »Fee«: *fata*. Diese Fee tritt im arabischen Märchen ebenso auf wie in der Artussage; der spätlateinische Bedeutungsanteil im italienischen Segment denkt zugleich den »Götterspruch« mit, das »Schicksal«, die »Bestimmung«. Doch vergessen wir für den Moment *diese* Linie und gehen zurück zum »Wunschbild«, zur »Sinnestäuschung«, zur lebenslangen Arbeit des Poeten am Hang seiner Existenz: Der Dichter jener eben beschriebenen Szenerie, die ihn entweder als Gestalter oder bloßen Beobachter eines Garten-Idylls erkennbar werden läßt – *spürt* mehr, *sieht* mehr, *weiß* mehr, wenn er schließlich und später zu Protokoll gibt:

NACH DEM GROSSEN REGEN

Der haushang, gejätet bis ins schwarze, ist
ein emirat, voll
von des schachtelhalms minaretten

Die steinmispelsträucher
liegen auf den knien, die stirn
am boden

Der Dichter dieses Gedichts heißt Reiner Kunze; sein Haus in Süddeutschland steht an einem Hang, und »Nach dem großen Regen« ist nur eines von vielen Gedichten, die er geschrieben hat, in denen sich Natur nicht nur anthropomorphisiert, sondern – über kulturmorphologische Fata Morganen hinweg – geradewegs ins *Surreale* steigert. Das heißt zuletzt und zuerst, daß die Phantasie dieses nur zu gerne scheinlakonisch und erzminimalistisch sprechenden Dichters, der uns bestürzend schöne Liebesgedichte ebenso geschenkt hat wie befreiend tiefe Landschaftspoesie, aufs üppigste, im Verborgenen vielleicht sogar barockselige Weise vorurteilsfrei und grenzenlos durch die ihm bewußte Welt und Geschichte streunt, um, wie das alt- und mittelhochdeutsche Verb *striunen* ja schon weiß: etwas zu »gewinnen« – und eben deshalb »auf neugierige oder verdächtige Weise nach etwas forscht«.

II

Wenige Jahre zuvor aber ist der Dichter Reiner Kunze tatsächlich phantastisch weit geflogen, mit einem Flugzeug nach Amerika: Zwischen Texas, Atlanta und Kanada hat er sich bewegt, in der Prärie und durch Manhattan. Poesie ist daraus geworden, natürlich, die sich vor allem an den Dimensionen der »Neuen Welt« reibt und entzündet: von Straßen und Räumen, von Autos und Parkhäusern oder der Dichte startender Flugzeuge, die, wie der Poet das Gesehene später übersetzt: »nach himmel« anstehen, während er, der Finder dieser Metapher, ein »halbes leben« lang angestanden nach nichts anderem als: »nach der erde«. Wir wissen im übrigen, aber im Unterschied zu anderen Zeitgenossen, immer noch genau: *wo* das war, erinnern uns noch immer an den großen Gedichtband »sensible wege« mit seinem Kapitel »hunger nach der welt«, der 1969 nur im *grundgesetzlich* zivilisierten Teil des Landes erscheinen konnte, seinem Autor dafür den offen existenzbedrohenden Haß der Version *zwei* deutscher Diktatur einbrachte – *uns* aber, seinen mit ihm zusammen eingeschlossenen Lesern, *Überlebens*-Texte reichte, die unseren Schmerz nicht verschwiegen und so unsere Würde verteidigten, diese unaufgebbare Bedingung des Schönen, von der Poesie seit je her alle Rechtfertigung erfährt. Damit wird beispielhaft sichtbar auch am Gedicht »Auf dem Flughafen von Atlanta« aus dem Band »auf eigene hoffnung« nicht zuletzt das konkret Biographische, unmittelbar Existentielle als unversiegbare Metaphern-Ressource. Deshalb handelt sein Subtext zuallererst vom Kostbarsten, was wir zu verlieren oder zu gewinnen und deshalb wieder und wieder zu verteidigen haben: von *Freiheit*: der *konkret* vermißten wie der *konkret* erfahrenen, von Unglücks- wie Glücks-Schmerz also, und daß sie sich siamesisch bedingen, seit die Welt ins Bewußt-Sein getreten ist.

Was die Amerika-Gedichte Kunzes, trotz oder vielleicht gerade wegen solchen Kardinal-Wissens, dennoch auffällig grundiert, ist nicht nur kühldistanziertes, in einem Unterstrom sogar befremdetes Erstaunt-Sein angesichts der gigantischen Präsenz des Materiellen um den Menschen der »Neuen Welt« herum und damit bedrohlich total *in* ihm – »Es wird Profit gemacht, koste es *im* Menschen, was es wolle«, heißt es später in einem Interview dazu –; was sie geradezu auszeichnet als Texte eines fortgesetzt kritischen, das heißt: *unblendbaren* Bewußt-Seins, dem in jenen Jahren nur zu gerne verblendete Komplizenschaft gegenüber dem politischen Zufluchtsort »Westen« und seiner Wirtschaftsordnung unterstellt wurde, ist ihre radikale, in der ganz eigenen dichterischen Existenz tradierte Unbestechlichkeit, mit der das tendenziell mögliche, weil strukturell wirkliche Defizit an Humanem in einer, nun auf *diese* Weise vergötterten Herrschaft des Materiellen, der andere Materialismus, zur Sprache gebracht wird:

AUF DEN STRASSEN MANHATTANS

Du blickst nach oben

Du ahnst den abgrund, in dem
das gründet

Du gehst auf einem seil

Ein seiltänzer der
nach oben blickt

Schlägt aber dieses Gedicht zunächst eher fragmentarisch das notwendig zu Sagende an, gerät ein zweites Manhattan-Gedicht – von *heute* her gesehen auf eine die Metapher furchtbar verlassende Weise – unaufhaltsam in den Erkenntnis-Sog dessen, was *Poesie* von je her zur exaktesten Wissenschaft vom Menschen gemacht hat – vorausgesetzt, sie verwechselt sich nicht mit einer Anleitung zu einem beliebigen Anatomie-Kurs und aberglaubt dem rein physiologischen Vordergrund seiner Erscheinung:

MANHATTAN IM UNWETTER

Als wolle gott
  es hinwegdrücken
    hinwegschwemmen
      hinwegschmelzen

So viele türme ohne glocken

III

Ich weiß nicht, wann, wo und auf welchem medialen Wege Reiner Kunze – den TV-restistenten Dichter, so jedenfalls geht die Fama, der vor vielen Jahren in der zitierten zauberhaften poetischen Vision ohne jeden bedrohlichen Unterton *Minarette* in seinem Garten sichtet und *moslemische* Beter eines surrealen *Emirats*, die Finanz-Kathedralen Manhattans aber als vernichtend *gottesfern* deutet –, *wann* ihn jene alles verändernde Nachricht vom 11. September 2001 erreicht hat, mit der sich seitdem eine barbarische Nachrichten-Bilder-Folge verbindet, mehr noch aber vorzubereiten scheint, die, stellvertretend für alle Poesie, auch die zitierten Gedichte mit einer Schärfe falsifiziert, die in der Tradition jener Schule radikalen In-Frage-Stellens von Poesie (und Kunst schlechthin) steht, der kein anderer als Adorno das Gründungsprogramm verfaßte.

Adornos 1949 niedergeschriebenes und drei Jahre später veröffentlichtes aporetisches, gleichwohl fast sprichwörtlich gewordenes Diktum, demzufolge es »barbarisch« sei, »nach Auschwitz ein Gedicht zu schreiben«, war, kein Zweifel, *maßlos. Denk*notwendig war dies bis dahin *Un*denkbare ebenso gewiß, reflektierte es doch unausweichlich auf den maßlos grausamen, weil undenkbar *gnadenlosen* historischen Kern dessen, was wir heute mit dem Wort »Zivilisationsbruch« zu umschreiben versuchen. In der noch kurzen Tradition dieses Begriffs jedoch, der sich bislang scheinbar von seinem historischen Anlaß nicht trennen ließ, müssen wohl auch die Ereignisse von New York und Washington mindestens befragt, eines Tages vielleicht sogar begriffen werden – also *das*, was sie *gewaltmateriell* behaupten, in noch größerem Maße aber herrschaftspolitisch, das heißt: *geschichtstransgressiv* zu *antizipieren* versuchen. Dies jedoch nicht, weil nun selbst die deutsche Politik, die sich bislang vor allem vor dem schönen Plakat einer »Theorie des *kommunikativen* Handelns« in Szene setzte, von einem »Angriff auf die Zivilisation« spricht, dem widersprochen werden müßte: *militärisch*. Vielmehr deshalb, weil sich zum dritten Mal innerhalb *keines* Jahrhunderts eine Ideologie expansiver Gewaltlust und totalitärer Weltdeutung über den Horizont unserer geschichtlichen Erfahrung und kulturellen Sisyphos-Arbeit zu schieben beginnt, deren Destruktions-Potential gerade nicht aus dem Kessel plausibler Empörung sozial oder politisch Gedemütigter steigt, denen man im einfachsten, nicht unbedingt aber immer angemessensten Falle mit McDonald-*Broten* und Resozialisierungs-*Spielen* die Revolte abhandeln kann – das ist wechselndes objektives Milieu für den subjektiv dauernden Keim –, sondern aus den Hirnen manichäisch gestimmter Neu-Ordnungs-Fanatiker primär intellektuellen Zuschnitts, die in der ersten Hälfte des 20. Jahrhunderts Lenin und Trotzki, Mussolini, Hitler, Himmler und Stalin hießen, in der zweiten Mao Tse Tung oder Pol Pot. Allesamt einst, was wir in diesen Tagen besonders notwendig erinnern sollten, attraktiv oder inspiriert im *Westen* der Welt, und die Mehrzahl von ihnen noch bis vor kurzem zwischen Rhein und Elbe *Heroen* großer Teile akademischer Intelligenz.

In seinem 1983 geschriebenen Gedicht »Vortrupps hier«, zu finden in Reiner Kunzes 1986 veröffentlichtem Lyrik-Band »eines jeden einziges leben«, gibt es das bis heute nicht verblaßte poetische Polaroid *einer* der dazugehörigen *terroristischen* Begleit-Erscheinungen:

VORTRUPPS HIER

In den händen
pflastersteine, die schweren samen
der finsternis

Steinwurf um steinwurf rückt sie vor

Nach den bekannten und auf monströse Weise gescheiterten Klassen- und Rassen-Haß-Modellen schreibt sich *jetzt* jedoch – im Anschluß an jene Epochen-Zäsur von 1989, der wir nur zu gerne weltpolitische Konsequenzen einer durch *uns* definierten, global greifenden Geschichts-Logik irreversiblen Charakters zugedacht hätten –, eine *vierte*, die definitiv *religiös* motivierte oder verbrämte Variante der die *qualifizierte* Moderne bekämpfenden, ihre technologischen Potentiale zugleich aber be- und ergreifenden Vernichtungs-Bewegung in das Gedächtnis der Menschheit ein. Zur Selbst-Legitimation nutzt sie dieses Mal – das Erklärungsetikett kursiert inzwischen inflationär, ohne wirklich etwas zu beweisen – die im *Islam* dafür durchaus vorhandenen Ideen-Ressourcen wie der National-Sozialismus einst jene der Rassen-Biologie und der International-Sozialismus das marxsche Klassen-Theorem. Karl Jaspers konstatierte 1954, die konkrete Perspektive von heute – und vielleicht von immer – unerkannt mitdenkend:

der »Totalitarismus ist nicht Kommunismus, nicht Faschismus, nicht Nationalsozialismus, sondern ist in allen diesen Gestalten aufgetreten«.

Der neueste Name am vorläufigen Ende der geschichts-notorischen Namenskette, die den totalitären, also *todfeindschaftlichen* Angriff auf die für Individualität und Recht gelegentlich naiv, oft nur noch *trojanisch* »offene Gesellschaft« Fall für Fall personifiziert, lautet: Usama Bin Laden. Aber Namen sind im Kontext tatsächlich nur die Variable des Phänomens, selbst die mit ihnen verbundenen Legitimations-Texte entfalten ihre dynamisch-destruktive Originalität lediglich auf der Ebene des Sekundären.

Entscheidend im Zusammenhang ist etwas *substantiell* anderes, *ganz* anderes, für das der westeuropäische Westen in den letzten Jahrzehnten allerdings – aus hybridem Fortschrittsgeist und hedonistischem Furor gleichermaßen, was im übrigen auf fundamental verweigerte Selbsterkenntnis hinausläuft – seinen politischen, ästhetischen, philosophischen und schließlich auch theologischen Sinn fast vollständig *verspielte:* für das *Böse* als Konstante des Anthropologischen, das die Existenz des einzelnen ebenso unerbittlich mitbestimmt, wenn es eintritt, wie die diverser Kollektive und in dessen Grausamkeitsschatten Kulturperspektiven und Zivilisationsziele, denen auch der Dichter dient – gerechter Friede und schöne Ordnung, Freiheitsidee und -praxis also – geschichts*optisch* ein ums andere Mal zu Taschenspielertricks am Rande ewiger *killing fields* mißraten, die man eben nur bei Strafe des eigenen, seelischen wie physischen Untergangs – was historisch sich in der Regel komparativ ereignet – ignorieren kann.

1530, vor fast einem halben Jahrtausend mithin, rang Martin Luther in seiner Auslegung von Psalm 117, dem kürzesten der Bibel, mit der ganzen Kraft seines unbestechlichen Geistes und der zu ihm gehörenden kompromißlosen Sprache, die immer auch eine literarische und nicht selten hochpoetisch war, um die Wahrheit Gottes, um den Sinn der Welt also, angesichts der Schreckens-Wahrheit, auf die sich Weltgeschichte, »dem finster Ort«, wie er zugibt, immer wieder zu verkürzen scheint: »So dünkt uns auch selbst immerdar, Gott wolle uns lassen und sein Wort nicht halten und fähet an, in unserem Herzen ein Lügner zu werden ...«, klagt er, um dann aber doch zu der erschreckend genialen Einsicht zu gelangen: »ich weiß wohl, daß Gottes Wort eine große Lüge werden muß, auch in mir selbst, ehe es die Wahrheit wird [...] ich muß dem Teufel ein Stündlein die Gottheit gönnen, und unserem Gott die Teufelheit zuschreiben lassen; es ist aber damit noch nicht aller Tage Abend«.

Vor solchem Hintergrund nur ist Adornos Diktum zu lesen. Ein Text-Schrei in der Tradition der Verzweiflungs-Psalmen, in deren Klage-Kernschmelze Gottes- und Sinn-Ferne *eins* werden und Seelen-Asche nicht nur die ganze Erde und den ganzen Himmel gleich mit verdunkelt, selbst der Himmel *dahinter* schwärzt sich ein auf immer. Dennoch blieb auch Adorno sich, darin verborgener Psalmist auch er, nicht wirklich sicher in seiner ultimativen *Aus*-Schau, wurde ihm aus der behaupteten Leere keine zynische Lehre, noch starres Schmerz-Dogma nihilistischer Ideologie. Zuletzt bekannte er, daß *Leiden* sehr wohl »ein Recht auf Ausdruck« habe und Kunst – als der »geschichtliche Sprecher unterdrückter Natur« – von ihrem Wesen her nötig bleibe. An Paul Celans Dichtung vor allem machte er fest, was ihm mit ihr denn doch wieder unabweisbar geworden war: »Diese Lyrik ist durchdrungen von der Scham der Kunst angesichts des wie der Erfahrung so der Sublimierung sich entziehenden Leids«. Zuvor schon hatte Hans Magnus Enzensberger bereits, die Gedichte der Nelly Sachs als Beweis nehmend, Adornos Diktum grundsätzlich widersprochen: »Wenn wir weiterleben wollen, muß dieser Satz widerlegt werden«.

IV

Die Literatur Reiner Kunzes folgt von Beginn ihrer Existenz an, und deshalb der Exkurs, Text um Text jener Maxime. Von je her, heißt das, war sie dem Schmerz des Leidenden nah, dem Verursacher dieses Schmerzes jedoch entschieden fern: am politisch selbstgefährdensten vielleicht in den »wunderbaren jahren«, seinem berühmtesten Buch, das in seiner Mitte im Kopf eines Gedemütigten die Vision eines gewaltigen Orgel-Aufstandes entfacht, mit dem Ziel: »sie alle müßten plötzlich zu tönen beginnen und die Lügen, von denen die Luft schon so gesättigt ist, daß der um Ehrlichkeit Bemühte kaum noch atmen kann, hinwegfegen – unter wessen Dach hervor auch immer, hinwegdröhnen all den Terror im Geiste ...«

Diese Literatur hat sich dabei, wenn ihr Dichter seine diesbezügliche Entschiedenheit ein ums andere Mal begründete, soweit ich sehe, weniger an Adorno oder Enzensberger orientiert, ohne sie deshalb zu ignorieren. Reiner Kunze hat aber 1987 in einem Interview ausdrücklich von einem, *seinem* »philosophischen Gewährsmann« gesprochen und ihn oft zitiert, bei dem sich ein dritte Variante des von Adorno und Enzensberger Intendierten findet. Sie operiert, obwohl höchstwahrscheinlich in Unkenntnis der deutschen Texte, auf der Linie einer Art paralleler Synthese dazu. Albert Camus, jener Gewährsmann, ist ihr Verfasser.

»Nie mehr«, sagt er am 14. Dezember 1957 in der Aula der Universität Uppsala aus Anlaß der Verleihung des Nobelpreises, nicht zuletzt aber mit Blick nach Frankreich, seinem Heimatland, wo noch zu dieser Zeit eine große Zahl tonangebender Intellektueller nach wie vor den kommunistischen Totalitarismus schamlos bedient, »nie mehr« würden »die Schriftsteller des 20. Jahrhunderts« insofern »allein sein«, als sie wissen müßten, »dem gemeinsamen Elend nicht entrinnen« zu können und ihre »einzige Rechtfertigung, wenn es eine« gäbe, darin bestünde, »nach bestem Können für die zu sprechen, die in diesem Augenblick leiden, welches auch die vergangene oder zukünftige Größe des Staates oder der Partei sein« möge, »von denen sie unterdrückt« würden«. Denn für den Künstler gäbe es »keine privilegierten Henker«. Deshalb könne »heute, selbst heute, vor allem heute, die Schönheit nicht im Dienst einer Partei stehen; sie dient über kurz oder lang nur dem Schmerz oder der Freiheit der Menschen.« Camus' praktische Konsequenz: der Künstler schließt »sich nicht den regulären Truppen an«, dem *Kampf* schon: als Einzelkämpfer. Die »Lektion« aber, »die dann die Schönheit« erteile, sei, »wenn er sie ehrlich« annähme, »nicht eine Lektion der Eigenliebe, sondern der harten Brüderlichkeit.« – 1967, noch ausgeliefert der propagandadurchdröhnten Diktatur, schreibt Reiner Kunze das Gedicht:

EINLADUNG ZU EINER TASSE
JASMINTEE

Treten Sie ein, legen Sie Ihre
traurigkeit ab, hier
dürfen Sie schweigen

V

Der Ton eines solchen Gedichts wie jener Rede, wir wissen es nur zu genau, galt der uns umgebenden Gesellschaft bis zum 11. September, wenn wir Glück hatten, im Prinzip als überholt und *penetrant ernst* ihr Inhalt. Nicht nur Poesie und politisches Bürger-Wort eines Reiner Kunze gerieten zunehmend in so normierte Deutungsschemata. Das könnte vorbei sein. Auch das sinnlos sich steigernde Gelächter auf und vor Fernsehschirmen könnte nun eine Zeit lang weniger betäuben, die mittlerweile fast total herrschende Werbe-Propaganda im bläulich schimmernden Rechteck wesentlich dürftiger wirken als vor dem 11. September 2001. Die Film-Kulissen-Massaker zwischen New York, Hamburg, Berlin könnten dagegen eine höhere Halbwertszeit gewonnen haben – auch nach Kino-Besuch und Fernsehprogramm-Schluß, würde das bedeuten, im anschließenden Diskosound, nach Einnahme von Johanneskraut-Pillen oder Valium-Scheibchen *könnte* eine höhere Restmenge an Sinn für Ernst, für seinen periodisch schrecklich natürlichen Wieder-Eintritt in die Spaß-Atmosphäre in der durchbluteten Festplatte des jeweiligen Ichs länger gespeichert bleiben als zuvor. Oder Cinematographie dieser Art fällt gleich aus, Hollywood hat das schon angedeutet. Natürlich werden Schwarzenegger und Bruce Willis nicht arbeitslos werden, aber die Versicherungen steigen, die Flugpreise, das Verteidigungsbudget, während die Aktienkurse fallen und die Rasterfahndung wieder eingeführt ist. Das ist doch schon was; aber *was*? – Der Westen, in seiner nicht mehr ganz so progressiven Fasson, am Tag danach. Doch wird das, als Reaktion, nicht reichen.

Poesie dagegen, die *weiseste* Wissenschaft vom Menschen, insbesondere aber *die*, von der hier die Rede ist, *ist* vorbereitet, sie ist immer vorbereitet, und auch deshalb wußte sie schon vorher, worum es heute geht, weil es darum *immer* geht. Worum geht es? Zu *wissen*: Zu wissen um unsere *dauernde* Fähigkeit zu Liebe *und* Haß, zu Gerechtigkeit *und* Ungerechtigkeit, zu Frieden *und* Terror, zu wissen um politischen Größenwahn oder scientistischen *und* den moralischen Klein- oder Großmut daneben, um Sadismus *und* Nächstenliebe – um Menschlichkeit *und* Barbarei, um Lüge *und* Wahrheit, um Gott also *und* den Teufel: im eigenen Leib, seitdem wir uns seines bewußt sind – im Leben der Welt, seitdem wir von ihr wissen. Die alten Bücher, heißt das auch, sind, wenn es darauf ankommt, *nicht* veraltet, die neuen nicht unbedingt originell.

Was machen wir aus dieser Wahrheit, wenn wir sie denn wieder zulassen, in ihr notwendiges Recht setzen? 1983 entsteht Reiner Kunzes Gedicht »Meditation über einen Torso«. Es bekennt sich in einem Vorspann als inspiriert durch »eine (spätantike) marmorne Venusstatue [...], die durch jahrhundertelange obligate Steinwürfe der St. Mathias-Pilger, die damit dem Heidentum abschwören sollten, bis zur Unkenntlichkeit verstümmelt wurde«:

Die finsternis in der faust
ist ein stück der finsternis in uns

Wer die faust erhebt, erhebt
das dunkel zum zeichen

Und in dem augenblick, da wir steinigen,
ist in uns die finsternis
dicht wie im stein

Dafür, für diesen Mut zu demütiger Einsicht in das abgründige Eigene, die unsere Sinne schärft für die Gefahr durch uns oder andere und unsere Abwehrkräfte dagegen stärkt, für diesen unwiderlegbaren Beweis der Notwendigkeit der Poesie, danken wir dem Dichter Reiner Kunze, indem wir ihn ehren: *Heute*. Am dreiundzwanzigsten Tag nach den Angriffen auf New York und Washington. Und also auf uns alle.

Wegbegleiter

Zur Poesie der Elisabeth Borchers

I

Der Dichterin Elisabeth Borchers gegenüberzustehen – und gleichzeitig *über* ihre Gedichte zu sprechen, ist keine Herausforderung: Es ist eine *Unmöglichkeit*. Mir jedenfalls. Bliebe ich jedoch in der Logik dieser Aussage, müßte ich ab jetzt schweigen; aber das hatte der Veranstalter sich anders gedacht, als er mich bat, in einen Abend mit Elisabeth Borchers und ihrer Poesie einzuführen.

Natürlich gibt es nun auch noch die andere Möglichkeit – nämlich *die,* jene Unmöglichkeit wortreich zu begründen, also aus der proklamierten Negation das Gegenteil, die Negation der Negation zu machen. Aber das wäre eben nur ein dialektischer Trick. Dialektische Tricks beim Erfassen der Poesie, um die es heute abend geht, hätten jedoch etwas zutiefst Frivoles. Zwar ist dieser Poesie, besonders in ihrem Beginn, das Wort-Spiel nicht fremd oder genauer: auf magisch-fremde Weise vertraut – das Wort-*Spielchen* allerdings, und in wachsendem Maße, umso fremder. Wir leben aber in einer Zeit der forcierten Wort-Spielchen allüberall über alles insofern, als das ernste *Wort*, das im Kern doch immer nur ein *demütig*-genaues ist, verstärkt unter Pathos-Verdacht gerückt wird. Der *Wort*-Jongleur mit Heiterkeits-Garantie, die UFA-Poesie, macht Karriere. Ein Typ Wort-*Eventer* spielt sich in diesem Zusammenhang auf, gegen den Jandls »Laut & Luise«-Ekstasen – ich übertreibe ins Absurde – zu reiner Trappisten-Lyrik werden: Sie explodieren immerhin noch über einem *Ab*-Grund, während die andere nicht einmal mehr *ahnt*, daß genau dies der *Grund* unserer Existenz ist.

II

Vielleicht ist damit aber *das* Stichwort gefallen, das direkt zurückführt zum Gedicht der Elisabeth Borchers: Wo *bewußt* wird, daß Ab-Grund der Haupt-Grund menschlicher Existenz ist, bedarf es des *Trostes*. Trost aber ist das genaue Gegenteil von entgrenzter Ironie, der wir als Forderung, besonders in Literaturkritik und Buch-Management, verstärkt über den Weg laufen. Doch das Gedicht, das in seiner jahrtausendealten Tradition bis ins Quellgebiet des Gebets zurückreicht, war immer identisch zuerst und zuletzt mit dem *Ton* des

Trostes: tief in das beschädigte Leben hinein. Über diesen Ton, dem Süße nicht fremd ist und Lachen nicht falsch wird, aber Süßlichkeit und Hohn, die Spielarten bösen Kitsches, vollkommen abhold sind, verfügt das Gedicht der Elisabeth Borchers in einem so reichen Maße wie bei keinem anderen deutschen Gegenwartsdichter, den ich kenne.

III

Trost-Karat, ich riskiere die Wort-Verbindung, ist natürlich kein literar-kritischer Terminus, vielmehr verweist er auf radikal Existentielles. Aber genau darum riskiere ich ihn, kann ich ihn doch nutzen für das, was ich im engeren Sinne zwar nicht *über* die Gedichte der Borchers sagen will, geht es um meine Lektüre, aber *von* ihnen – sind sie mir doch, im Sinne des Wortes, *Wegbegleiter* geworden, seit Jahrzehnten. Es gibt nicht viele Dichter, denen das so unabweisbar gelang, daß es mir von heute her wie selbstverständlich erscheint, und diese wenigen – Trakl, Huchel, Loerke, Celan, Benn, Ungaretti, Elytis, Wallace Stevens –, sie treffen sich mit dem Gedicht Elisabeth Borchers eben nicht nur in meinem Kopf, sondern wieder und wieder auch in den Taschen meiner Wintermäntel und Sommerjacken, in meinem Reisegepäck in den Hohen Norden, an den Comer See oder ins heimatliche

Mecklenburg. Aber zumeist begleiten sie mich inzwischen beim Gang, dem fast täglichen, durch die Feldmark um unser Haus im Süden Schwedens, zwischen einem letzten Höhenzug im Osten und der Küste im Westen, Dänemark gegenüber.

Der Griff zu den Gedichten Elisabeth Borchers, heißt das, ist zur Regel geworden, ist ein täglicher: Besonders das Taschenbuch mit den »Gesammelten Gedichten« ist abgenutzt, lädiert, zerblättert – aber nicht nur, weil es so praktisch ist, wenn es um Jackentaschen geht. Es ist vor allem *unerschöpflich* an Poesie. Das hat damit zu tun, daß Gedichte von jenem Karat, wie sie auch die Gedichte der Borchers auszeichnen, mit dem Licht des *Tages*, an und unter dem sie aufgeschlagen und gelesen werden, eine geradezu osmotische Beziehung eingehen. Und da das Licht jedes Tages ein anderes ist, ist dasselbe Gedicht ein anderes an jedem Tag, ohne seinen ursprünglichen Sinn zu verlieren, eher bleibt es ihm so treu. Ich gestehe, daß ich an dieser Stelle, nicht zuletzt im Hinblick auf die noch zu hörenden Gedichte, bereit bin, von einem *Wunder* zu sprechen, dem das Adjektiv »natürlich« ganz natürlich dazugehört. Im Gegen-Satz zu all jenem so künstlichen Bühnenzauber, von dem vorhin die Rede war. Bühnen-Zauber sind amüsant, kein Zweifel; aber durchschaubar sind sie eben auch. Die Dunkelheit am Ende des Bühnen-Zaubers, bedeutet das, ist eine triste. Aber die Dunkelheit der Nacht ist ein Teil des Lichts, von dessen Rückkehr die Poesie weiß:

»Ich banne den Schmerz
verbanne ihn nicht,
Er kennt mich zu gut
wie Dunkel das Licht«

heißt es im neuesten Gedichtband von Elisabeth Borchers, »Eine Geschichte auf Erden« sein Titel.

IV

Meine (bisherige) Geschichte auf Erden mit den Gedichten dieser Dichterin, diese spezielle Geschichte einer anhaltenden Weg-Begleitung, begann wohl auch deshalb nicht zufällig schon früh: *Jahr* und *Ort* haben dabei für meine geistige Existenz radikale Bedeutung. Es war *1968*, und es war in *Prag*. Der 17jährige, der ich damals war, hatte seine ersten tastenden Versuche, Poesie zu machen, hinter sich und war nun auch an diesem Punkt lesesüchtig geworden, mit der Gier eines noch unreflektierten Hungers. Der politische Ort dieses Hungers, die zweite deutsche Diktatur, tat ein Übriges, ihn anzustacheln, und der Ort Prag wiederum war in jenem legendären Jahr nicht nur identisch mit dem mystischen Wunder einer Literatur

gewordenen und Literatur gebärenden Stadt – er war
zu einer ungeheuren Metapher politischer Hoffnung
geworden, gebündelt in dem symbolischen Wort vom
»Prager Frühling«. Diesem »Prager Frühling« an der
Quelle auf der Spur – *in* Prag –, eroberte der 17jährige
natürlich auch den Hradschin, die Prager Burg, und
darin das »Goldene Gäßchen« mit dem Häuschen
Kafkas. In diesem winzigen Würfel aus Holz, Stein
und Mörtel, gesetzt auf Fels, mit den Außenwänden
anderer Häuser zusammen eine Art Mauer bildend,
befand sich ein Antiquariat, und in diesem Antiquariat fand ich ein Buch: schwarz, schmal, titellos, auf
der Schauseite vier Wörter und Namen, weiß, in kleiner Schrift:

»elisabeth borchers gedichte luchterhand«,

darin die Verse:

zusammen

an den zweigen wachsen die stimmen
die stimmen wachsen zusammen
wachsen zwischen den steinen
auch zwischen den gestorbenen steinen
wachsen an den stimmen rote beeren
die stimmen wachsen ins blut
wachsen zur morgenröte

zur abendröte
zusammen

tragen den winter
tragen des winters turm
tragen des winters kalte vögel

Sie bewiesen mir, daß ich mich zu Recht an *diesem* Ort befand, um *diese* Stunde, in *diesem* Jahr. Und damit bewiesen sie mir alles. Das schmale schwarze Buch kostete acht Kronen; ein Geld-Nichts, nicht für mich, damals. Aber es war wie ein Kauf von frischem Brot, frischer Milch, frischen Kirschen. Es gelang mir, das Buch über die Grenze zu bringen, und es überlebte, unscheinbar, wie es sich gab, wenige Jahre später die Durchsuchung meiner Wohnung durch die Geheimpolizei der zweiten deutschen Diktatur, der meine halbe Bibliothek zum Opfer fiel. Als ich Jahre später direkt vom Gefängnis in den Westen ging, folgten mir die Reste jener Bibliothek: das schmale schwarze Buch war dabei. Heute lese ich es in Schweden.

Diese Einführung in das Werk der Elisabeth Borchers fand am 29. Oktober 2003 im Hamburger Gymnasium Klosterschule statt.

Eichendorff, Ungaretti oder Der Blick über die Grenze

*Dankesrede zur Verleihung
des Eichendorff-Preises 2013*

I

Am Ende seines Lebens sehen wir den ein Jahr vor Ausbruch der französischen Revolution von 1789 auf Schloß Lubowitz bei Ratibor in Oberschlesien geborenen Dichter, Ex-Offizier der Lützowschen Jäger im anti-napoleonischen Befreiungskrieg und preußischen Staatsbeamten Joseph Karl Benedikt Freiherr von Eichendorff in jenem Zeitalter angekommen, in dem auch das Porträt als Kunstwerk nicht mehr nur potentielle Vorlage manueller Kopie, sondern, wie Walter Benjamin in seinem berühmten Essay aus dem Jahre 1936 entwickelte: Objekt »technischer Reproduzierbarkeit« geworden ist. Wir sehen ihn auf einer Fotografie aus dem Jahre 1857, einer Daguerreotypie, die den Dichter als schwarz gekleideten, ebenso eleganten wie weißhaarigen Feingeist zeigt, der mit hellwachen Augen, gelassener Körperhaltung, aber skeptischem Mund, den dennoch ein Zug fast schalkhaften Lächelns umspielt, dem unbekannten Akteur hinter der Kamera entgegenschaut – als würde er ihm und uns mit solchem Blick zugleich sagen wollen: Sie mögen mich sehen, Verehrtester, und *so* festhalten für lange; was aber *ich* sehe, durch den auf mich gerichteten Apparat hindurch wie durch den, der ihn bedient, bleibt Ihnen wie ihm dennoch verschlossen. Der Apparat, dem Eichendorff zum souveränen Gegenüber wird, indem jener ihn und seinen Habitus, zu der unablösbar die Physiognomie des Wissenden um das Begrenzte alles Irdischen gehört, ins nur *scheinbar* Dauerhafte dokumentiert, symbolisiert dennoch unbestreitbar den technischen Fortschritt der Stunde und seine verführerische Macht, den Zeitfluß durch das Fixieren des Augenblicks vordergründig zu beherrschen – und mehr noch: das gemalte Porträt als originäres Ereignis abzulösen zugunsten eines seriellen Aktes, dem allerdings das Entscheidende fehlt: jene essentielle Differenz, die Identität erst stiftet und auch dem Kunstwerk *vor* seiner technischen Reproduzierbarkeit unaufhebbar eignet. Diese Inflationierung des Abbildungs-Schicksals des Menschen ist aber nur, wie wir heute bedrohlich genau wissen, der im Sinne des Wortes *vor*-bildliche Keim angestrebter *technischer* Reproduzierbarkeit des Individuums selbst und damit seiner Aufhebung ins Schicksals-, also Identitätslose schlechthin.

Was also symbolisiert Eichendorffs Blick an eben dieser Grenze tatsächlich? Was schaut er, wenn er so über sie hinausblickt, ohne der mit ihr markierten Entfesselung *dahinter* noch wirklich ausgeliefert zu sein? Was weiß er somit vom Leben als ganzem, wenn ihm dieses partielle Erfaßtwerden, das sich so unwiderlegbar modern zeigt, weder zu Posen falscher Stärke verführt noch opportunistischer Schwäche? Was mithin versetzt ihn gerade *nicht* in jene Unruhe, die sich fortschrittlich nennt, zuletzt aber doch nur immer wieder seit 1789 auf besinnungslose Mobilmachung hinausläuft, in die Geschichts-Richtung totaler Prozesse, an deren jeweiligen Enden die Variablen totalitärer Gesellschaftsformationen stehen wie die genuin dazugehörigen blutigen Prozessionen aus dem Geist der repressiven Vernunft im Gewande sich rational gebender Ideologie, also selbstkritikfreien Bewußtseins, in deren schauerliches erstes Geschichts-Echo der Dichter Eichendorff geradezu hineingeboren wurde? Wer so fragt, könnte in Verdacht geraten, Spekulant an der Börse finaler Wahrheit zu sein – es ist ja zuletzt immer auch ein Blick Eichendorffs auf die einzig wirklich Grenze im Leben des Menschen, vor der niemand kehrt machen kann, selbst wenn er es wollte, in welcher Anstrengungsform menschlichen Willens auch immer. Aber müssen wir, wenn es um Eichendorff und den letzten Grund seiner Identität geht, wirklich spekulieren? Die Position des Dichters vor der Kamera spiegelt, wie ich glaube, *in toto* all jene retardierenden Momente seiner Poesie, in denen sich ihre Richtung zum Grund hin manifestiert, die zugleich die Grund-Ausrichtung seiner Existenz war. Es ist jener transzendente Ort – das schlechthin Unüberschreitbare Platons –, den Heidegger ein Jahrhundert nach Eichendorffs Tod im »Satz vom Grund« mit der Formel resümieren wird: »worauf alles ruht«, um sich zu steigern in die absolute Pointe: »was für alles Seiende schon als das Tragende vorliegt«. Schelling, der Zeitgenosse Eichendorffs, spricht in seinen »Weltalter«-Fragmenten, geht es um eben diesen tragenden Grund, von dem »im Seyn eingeschlossnen Gott«. Es ist dies aber immer auch zugleich der nie versiegende Quellgrund der Eichendorffschen Poesie gewesen; aus ihm tauchen sie ein ums andere Mal auf, all diese zauberhaft sanften Wesen aus strömenden Strophen, bei allem Fließen klare Form, Gesang als Gestalt, Gestalt als Gedicht. Gedichte, in denen wir einem Geborgen-*Sein* ausgeliefert werden, das uns einer Befreiung zuführt, die mit jener horizontalen Emanzipation, die sich als *geschichtlich* bedingte versteht und vom Menschen allein gewollte wie gemachte zu sein beansprucht, nur eines gemeinsam hat: ihren Ausgangspunkt: Das *wirkliche* Ich und seine *wirkliche* Sehnsucht. Im vierten Gedicht seines sechsteiligen Sonett-Zyklus' bekennt der Dichter sich nicht nur dazu, er zeigt den diesbezüglich schöpferischen

Prozeß auch in seiner ganzen Ekstase, ja Dramatik auf, der den idyllischen Seins-Horizont zwischen »Wunderquelle« und »ewigem Meer«, so die Doppel-Metapher für den *einen* Grund, entfesselt zum Tanzen bringt und mit ihm den Poeten als einen fast schon delirierenden Mittler zwischen den Welten, der zwar nicht untergeht, aber sich hingibt – *so*, wie ein Priester opfert:

»Wer einmal tief und durstig hat getrunken, / Den zieht zu sich hinab die Wunderquelle, / Daß er melodisch mit zieht selbst als Welle, / Auf der die Welt sich bricht in tausend Funken. // Es wächst sehnsüchtig, stürzt und leuchtet trunken / Jauchzend im Innersten die heilge Quelle, / Bald Bahn sich brechend durch die Kluft zur Helle, / Bald kühle rauschend dann in Nacht versunken. // So laß uns ungeduldig brausen, drängen! / Hoch schwebt der Dichter drauf in goldnem Nachen, / Sich selber heilig opfernd in Gesängen. // Die alten Felsen spalten sich mit Krachen, / Von drüben grüßen schon verwandte Lieder, / Zum ewgen Meere führt er alle wieder.«

Zu Recht spricht Adorno in seiner Hommage auf Eichendorff zu dessen hundertstem Todestag von »entfesselter Romantik«, die »bewußtlos zur Schwelle der Moderne« führe; aber, so wäre zu fragen, ist dieses

Bewußtlose nicht genau jenes retardierende, mithin elementare Moment seiner Poesie, das sie und ihn zuletzt eben doch nicht trennt vom »Grund, worauf alles ruht« – wie dann sehr bald die wirkliche Moderne in ihrem unübersehbar verhängnisvollen Emanzipations-Prozeß ins abgründig Grundlose schlechthin, in die »offensichtliche Gottlosigkeit« also, von der Paul Virillo sprach und der sie durch genau diese rabiate Ablösung, besonders seit Beginn des 20. Jahrhunderts, in eine »Kunst des Schreckens« münden sah, die sich »von der Wunde zum Bajonett« gewandelt hat?! Die unendliche Differenz aber, die hier sichtbar wird, materialisiert sich deshalb gewiß nicht nur für mich im wohl genialsten Gedicht Eichendorffs: jener »Mondnacht« aus dem Jahre 1837, geschrieben übrigens ganze zwei Jahre nach dem Erscheinen der, von heute her gesehen, beunruhigend prophetischen politischen Schrift »Die Demokratie in Amerika« von Alexis de Tocqueville, die nichts anderes an den historischen Horizont malt als die gefährlichste aller Gesellschaftsformationen, weil sie den Menschen auf extrem raffinierte Art in einen Materialismus totaler Erfassungsdynamik *ver*-führt und ihn damit zur ebenso entseelten wie kontrollierten Monade eines Massensystems macht, in dem die kapitalistische Produktionsweise als entfesselte Raserei zuletzt selbst zur Religion wird und die so manipulierte Mehrheit zum Tyrannen, in der der Einzelne als Abweichler erkannt und, sozial isoliert, *vor*-physisch vernichtet wird. Dagegen stehen, in der konstitutionellen Paradoxie bewußtloser Bewußtheit einer nach innen gerichteten Befreiung, die unsterblichen Verse Eichendorffs und mit ihnen ein poetisches Wissen, das, wie Adorno darüber auch sagt: »etwas von der kritischen Wahrheit des Bewußtseins derer« verkörpert, »die den Preis für den fortschreitenden Gang des Weltgeistes zu entrichten haben«:

»Es war, als hätt der Himmel / Die Erde still geküsst, / Daß sie im Blütenschimmer / Von ihm nun träumen müsst. // Die Luft ging durch die Felder, / Die Ähren wogten sacht, / Es rauschten leis die Wälder, / So sternklar war die Nacht. // Und meine Seele spannte / Weit ihre Flügel aus, / Flog durch die stillen Lande, / Als flöge sie nach Haus.«

II

Ist damit aber nicht doch nur noch ein, wenn auch schöner Anachronismus zitiert und beschrieben, *vor*moderne *Selbst*-Begründung, die zu jener Zeit, da Eichendorff dichtet, ihrer restlosen Decouvrierung als Identitäts-Konstrukt zwar erst noch harrt, wenngleich das diesbezügliche komparative Dekonstruktionsangebot ja längst schon im philosophischen Diskurs-Raum steht, die cartesianische Geist-Körper-Spaltung kalt überwunden ist durch die mechanistische Pointe des atheistischen Materialisten Julien Offray de La Mettrie: »Der Mensch – eine Maschine«. Vierzig Jahre vor der Jakobiner-Revolution und ihrem systemischen Terror kreiert und damit fast ein halbes Jahrhundert vor Eichendorffs Lebensbeginn, eine Provokation zwar: *Gott* ist zu diesem Zeitpunkt amtlich überall durchaus noch im Dienst. Eine ideologische Vorwegnahme aber eben auch, und mehr noch: eine Anleitung zum Handeln ohne Sentimentalität: »Die Seele ist nur ein nichtssagender Ausdruck«, so der Sohn eines Tuchmachers aus Saint-Malo und »böse Philosoph« (Philipp Blom) La Mettrie, dem Friedrich der Große allerdings, an dessen Hofe er sich 1751 an einer Überportion Trüffeln zu Tode genossen haben soll, in seiner Nachruf-Eloge und schönster Paradoxie zugleich bescheinigte, nicht nur eine Seele, sondern eine geradezu »reine« gehabt zu haben. Maschinen aber haben keine Seele, möchte man dem Seelen-Leugner durch die Jahrhunderte zurück nachrufen: Sie sterben nicht; sie verrosten. Blut ist in solcher Logik nur das Öl der Geschichte und, so Hegel, der andere Zeitgenosse Eichendorffs, »die Weltgeschichte« wiederum, selbst als rasender Blutstrom, »nichts als die Entwicklung des Begriffs der Freiheit«, was fast tröstlich klingt. Doch das 20. Jahrhundert ist es dann, das eine derartig spekulative, gerade auch in ihrer dialektischen Beweglichkeit doch eher sträflich leichtsinnige Prozeß-Logik über ein schreckliches geschichtshorizontales wie -vertikales Falsifikationsverfahren endgültig in eine Wirklichkeit zurückführt, die aus der schönen Theorie-Harmonie, der Alexandre Kojève, ein Links-Hegelianer, keine hundert Jahre nach Eichendorffs Tod selbst noch Stalin einpasst wie einen dunklen Edelstein in eine strahlende Goldfassung – die aus solcher Theorie also nur mehr das blanke Praxis-Elend hervortreten lässt, das dem Begriff der Freiheit eine Sklaven- und dem Begriff des Sklaven eine Freiheits-Etymologie andichtet! Hegels Dialektik, um das geschichtlich bis dahin aufgelaufene Unerträgliche zu ertragen, rettet sich noch in den Preußischen Staat als finalem politischen Organisationsformat, dem Eichendorff zwar treu dient, ohne jedoch ausgerechnet in ihm das Ende der Geschichte zu erkennen: lag »in seinem Sinne«, so Adorno in derselben Hommage, ja »nicht nur die Restauration der entsunkenen Ordnung, sondern auch der Widerstand gegen die destruktiven Tendenzen des Bürgertums selber«. Marx und Engels dagegen, deren kommunistisches Manifest Eichendorff ebenso unter die Augen gekommen sein könnte wie der Hegelsche Sinn-Rettungsversuch aufs Ganze gesehen, in dem das vom Dichter sehr entschieden mitbekämpfte Kriegs-Monster Napoleon nichts Geringeres als den »Weltgeist zu Pferde« geben darf, sie spekulieren sich mit derselben dialektischen Methode, nur vom Kopf auf die Füße gestellt, wie sie glauben, in ein proletarisches Paradies *hinter* dem geschichtlichen Blutsumpf, der aber so unvermeidlich sei wie das Naturgesetz selbst.

Das ist die andere, die *deutsche* Grenzüberschreitung, die Gott links liegen lässt und über den falschen, den aus der Zeit gefallenen alten Menschen hinwegflutet, um am Ende in Gestalt des »Neuen Menschen« selbst Gott zu werden. Kurz nach dem Erscheinen eben jener revolutionären Programmschrift, deren spezielles Liquidationspotential sich erst noch erweisen, also vom Theoretischen ins Praktische übersetzt werden sollte, schreibt Eichendorff ebenso diagnostisch wie prognostisch: »Es ist überhaupt auffallend, wie in jetziger Zeit alle Individuen verschwinden, alles ist allein auf Massen gestellt«. Aber was ihm damit tatsächlich schwant, ahnt natürlich nicht einmal er in jenem letzten Moment, als er ein erstes und einziges Mal so souverän in die Kamera und durch sie hindurchblickt, wie er es tut, wenn wir an die entsetzten oder apathischen Blicke all derer denken, die vor den Einlieferungs-Fotografen in den Gefängnissen und Lagern Stalins, Hitlers, Maos und Pol Pots zu sitzen gezwungen sind, um danach in der Masse der wie Ungeziefer Vernichteten zu versinken.

III

Oder könnte es doch ganz anders gewesen sein? Könnte der Blick Eichendorffs selbst über diese Grenze hinaus gelangt sein und tief vorgestoßen ins wirkliche Grauen – geschärft vom biblischen Mythos und dem durch ihn radikal gesicherten Wissen um das durch uns selbst immer wieder mögliche? Ist es tatsächlich nur das literarische Land der Satire, wenn wir ihm in seinem imaginären Reisebericht »Auch ich war in Arkadien« in den »großen Gasthof ‚Zum goldenen Zeitgeist'« folgen? Oder spiegelt der um 1832 entstandene und zu seinen Lebzeiten nie veröffentlichte Text, erfahrungsgesättigt, wie er tatsächlich ja ist – die Pariser Julirevolution steht noch frisch im Gedächtnis –, schon spekulativ ab, was sich von heute her denn doch, summa summarum, wie eine präzise geschichtliche Hochrechnung liest, einschließlich des erschreckend rational klingenden Begriffs-Corpus und seiner legitimierenden Instrumentalisierung? Die Szenen und Figuren, die das Stück bevölkern und eine Art politischen Karnevals zwischen hemmungslosem Spektakel und blankem Schrecken entfalten, an keinem anderen Kulminationspunkt als dem verhexten Blocksberg, sie lassen ja alle diesbezüglichen historischen Konkretionen, die der Geschichtsverlauf bis dahin zu bieten hat, durchschimmern wie bedrohliche Schatten: die gebildeten

Stände als devote Anbeter der Zeitungs-Wahrheit, die ihnen zum Ersatz-Evangelium wird; den professoralen Demagogen, der seine brutale Genußsucht und primitiven Umgangsformen mit »abstrakten Reden über Freiheit, Toleranz und so weiter« würzt »und wie das alles endlich zur Wahrheit werden müsse«; das bald nur noch nach »Braten und Likör« schreiende Volk, dem »Freiheit und Prinzipien«, eben noch lauthals gefordert, jetzt schlicht gleichgültig sind. Schließlich taucht »ein ziemlich leichtfertig angezogenes Frauenzimmer« auf, und es ist, vor der alle auf die Knie sinken, niemand anderes als »Die öffentliche Meinung!«: »Sie trug«, lässt Eichendorff uns wissen, »ein prächtiges Ballkleid von Schillertaft, der bei der bengalischen Beleuchtung wechselnd in allen Farben spielte, ihre Finger funkelten von Ringen … während dicke Sträuße hoher Pfauenfedern von ihrer turmähnlichen Frisur herabnickten«. Irgendwann bezieht diese grotesk wirkende Dame »mit bedeutendem Geräusch« die Loge eines leichthin zusammengezimmerten Theaters und sogleich erhebt sich das ganze Publikum, nur um sich erneut »ehrerbietig« vor ihr zu verneigen. Dann beginnt das eigentliche Stück in diesem Stück, das uns, je länger es dauert, umso weniger anachronistisch, also ziemlich bekannt vorkommt:

> »Zuerst kam ein langer Mann in schlichter bürgerlicher Kleidung plötzlich dahergestürzt, ein

Purpurmantel flog von seiner Schulter hinter ihm her, eine Krone saß ihm in der Eile etwas schief auf dem Haupt; dabei die Adlernase, die kleinen blitzenden Augen, die flammende Stirn; er war offenbar seines Gewerbes ein Tyrann. Er schritt hastig auf und ab, sich manchmal mit dem Purpurmantel den Schweiß von der Stirn wischend und studierte in einem dicken Buche über Urrecht und Menschheitswohl, wie ich an den großen goldenen Buchstaben auf dem Rücken des Buches erkennen konnte. Ein Oberpriester im Talar eines ägyptischen Weisen schritt ihm mit einer brennenden Kerze feierlich voran ... Er hatte nicht geringe Not hier, denn, um immer in gehöriger Distanz voranzubleiben, suchte er, halb rückwärts gewendet, Schnelligkeit und Richtung in den Augen des Tyrannen vorauszulesen, der oft anhielt, oft plötzlich wieder rasch voranschritt ... Auf einmal blieb der Tyrann mit auf der Brust verschränkten Armen, wie in tiefes Nachsinnen versunken, stehen. Dann, nach einer gedankenschweren Pause, rief er plötzlich: Ja, seid umschlungen, Millionen! Es weiche die Finsternis, nieder mit der Zensur!«

Was folgt, sind schamlose Selbstlobhudeleien und zynische Intrigen mitspielender professoraler Oberpriester, die zugleich die immer durchschaubarere Inszenierung weiter vorantreiben – ein Schmierentheater, das sich als »große Regierungsmaschine« geriert. Der Tyrann aber mischt sich unterdessen immer leutseliger, mit Pfeife, Pantoffeln und Schlafrock, unter die Massen, gibt sich bescheiden und gähnt doch gelegentlich ziemlich ungeniert »wie eine Hyäne, als wolle er seine Untertanen verschlingen«. Der Versuch der Oberpriester, zwischendurch »seine Aufmerksamkeit auf die neue Regierungsmaschine zu lenken«, geht allerdings gründlich schief: »Vergeblich sprachen die Oberpriester erklärend von Intelligenz, Garantien, Handels-, Rede-, Gedanken-, Gewerbe-, Preß- und andere Freiheit. Ja, wenn ich nur etwas davon hätt, entgegnete der Tyrann, kaltblütig seine Pfeife ausklopfend. Man sah es ihm an, wie er sich bezwang und abstrapazierte, human zu sein, er sah schon ordentlich angegriffen aus von den Bürgertugenden.« Natürlich dreht der Tyrann schließlich durch: »War nun die Zukunft vorhin schon im Wackeln, so schien sie jetzt ganz und gar in Stücke gehen zu wollen.« Denn im Bühnenhintergrund öffnet sich ein weiterer Vorhang und gibt den Blick endlich auf das frei, was man wohl als die ewige Revolutionspointe logischer Natur lesen muß: die Pöbelherrschaft: »Nun entstand eine allgemeine Schlägerei, da wußte keiner mehr, wer Freund oder Feind war! Dazwischen raste der Sturm, Besen flogen, tief unten krähte der rote Hahn wieder, bliesen die sieben Pfeiffer, schrie der Wirt, die Bühne suchte die alte Freiheit und rührte und reckte sich in wilde Nebelqualme auseinander, ein entsetzliches übermenschliches Lachen ging durch die Lüfte, der ganze Berg schien auf einmal sich in die Runde zu drehen, erst langsam, dann geschwinder und immer geschwinder – mir vergingen die Gedanken, ich stürzte besinnungslos zu Boden. Als ich die Augen wieder aufschlug, lag ich ruhig im dem Gasthofe ‚Zum goldenen Zeitgeist' im Bett ... Und in der Tat, da ich's jetzt recht betrachte, ich weiß nicht, ob nicht am Ende alles bloß ein Traum war, der mir, wie eine Fata Morgana, die duftigen Küsten jenes volksersehnten Eldorados vorgespiegelt. Dem aber sei nun wie ihm wolle genug: auch ich war in Arkadien!«

Die Satire aber, von heute her gesehen, ist keine mehr; die Zeit hat sie als Blaupause wirklicher Zustände kenntlich werden lassen. Ihren abstrakt scheinenden Figuren können tyrannische Namen in Serie zugeordnet werden, ihren hehren Begriffen blutige Wirklichkeiten apokalyptischen Ausmaßes. Der Alptraum des Dichters, heißt das, ist seiner geschichtlichen Materialisierung ins Unvorstellbare zwar voraus gewesen, ohne sie im letzten Detail aber vorwegnehmen zu können. *Unsere* Alpträume jedoch *nähren* sich von ihr, von eben diesem zu Lebzeiten Eichendorffs noch Unvorstellbaren – trotz allen virulenten Wissens seiner Zeit und Person um die erste mechanistische Tötungs-Orgie der Geschichte unter der Herrschaft des

Jakobiner-Führers Robespierre, die nur wenige Jahre später aufgehoben wurde in die erste imperiale Diktatur auf europäischem Boden, der der Korse Napoleon Bonaparte eine expansionistische Dynamik in vernichtungsbewußter Absicht verschrieb. Ihr stellte sich schließlich selbst der vielleicht sanfteste Dichter der deutschen Romantik entgegen – mit der blanken Waffe in der Hand und in der Uniform der Freiwilligen Jäger, ohne deshalb in jenem ressentimentgeladenen völkischen Wahn zu enden wie Friedrich Ludwig Jahn und andere Mitstreiter vor zweihundert Jahren: Ihm, Eichendorff, ging es zuerst und zuletzt um die *Freiheit* – die Freiheit durch Befreiung von Fremdherrschaft, dem gewiß edelsten Kampfmotiv, das sich nicht nur denken, das sich vor allem legitimieren lässt:

»Schlaf ein, mein Liebchen, schlaf ein, / Leis durch die Blumen am Gitter / Säuselt des Laubes Gezitter, / Rauschen die Quellen herein; / Gesenkt auf den schneeweißen Arm, / Schlaf ein, mein Liebchen, schlaf ein, / Wie atmest du lieblich und warm! // Aus dem Kriege kommen wir heim! / In stürmischer Nacht und Regen, / Wenn ich auf der Lauer gelegen, / Wie dachte ich dorten dann dein! / Gott stand in der Not uns bei, / Nun droben bei Mondenschein / Schlaf ruhig, das Land ist ja frei!« (»Der Friedensbote«)

IV

Der *Dichter* Eichendorff aber – dies behaupten zu können, zeigt uns sein Werk – ist trotz dieses martialischen Intermezzos, das sich dennoch tief in sein Bewußtsein eingeschrieben hatte, erinnern wir nur sein Gedicht »An die Lützowschen Jäger«, nicht auf der Strecke geblieben. Als Napoleon endgültig besiegt ist, 1815, schreibt er ein »Morgenlied«, das kaum als Siegeshymnus gelesen werden kann, wohl aber als *Friedens*-Apotheose verstanden. Der ganze poetische Kosmos des Mannes aus Schlesien taucht darin auf, und an ihm exemplifiziert sich selbst in historischer Stunde nur ein weiteres Mal, was Adorno der Poesie dieses Dichters grundsätzlich zuschrieb: »Keines der Eichendorffschen Bilder ist nur das, was es ist, und keines lässt sich doch auf seinen Begriff bringen: dies Schwebende allegorischer Momente ist sein dichterisches Medium.«:

»Ein Stern still nach dem andern fällt / Tief in des Himmels Kluft, / Schon zucken Strahlen durch die Welt, / Ich wittre Morgenluft. // In Qualmen steigt und sinkt das Tal; / Verödet noch vom Fest / Liegt still der weite Freudensaal, / Und tot noch alle Gäst. // Da hebt die Sonne aus dem Meer / Eratmend ihren Lauf; / Zur Erde geht, was feucht und schwer, / Was klar, zu ihr hinaus. // Hebt grüner

Wälder Trieb und Macht / Neurauschend in die Luft, / Zieht hinten Städte, eitel Pracht, / Blau' Berge durch den Duft. // Spannt aus die grünen Tepp'che weich, / Von Strömen hell durchrankt, / Und schallend glänzt das frische Reich, / So weit das Auge langt. // Der Mensch nun aus der tiefen Welt / Der träume tritt heraus, / Freut sich, dass alles noch so hält, / Daß noch das Spiel nicht aus. // Und nun geht's an ein Fleißigsein! / Umsummend Berg und Tal, / Agieret lustig groß und klein / Den Plunder allzumal. // Die Sonne steiget einsam auf, / Ernst über Lust und Weh / Lenkt sie den ungestörten Lauf / Zu stiller Glorie. – // Und *wie* er dehnt die Flügel aus, / Und *wie* er auch sich stellt, / Der Mensch kann nimmermehr hinaus / Aus dieser Narrenwelt.«

Es ist die letzte Strophe dieses »Morgenliedes«, die es in einem paradoxen Sinne anschlussfähig macht an unser eigenes Bewußtsein, das nach allem, was wir geschichtlich wissen, ein Krisenbewußtsein ist und auch nichts anderes sein kann, geht es um die Gründungsmythen einer Moderne, an deren Grenze Eichendorff ganz souverän verharrt –: um den prometheischen Himmelsfeuer-Raub also oder den ikarischen Aufstiegstraum ins Grenzenlose: Die einzigen Flügel, die der Mensch aufspannen kann, um die Narrenwelt, in der er steckt, zu verlassen, sind, sagt Eichendorff dagegen, die seiner *Seele*. Diese Flügel aber tragen ihn immer nur in eine Richtung: Es ist die Richtung, aus der er kommt. Es ist die Richtung »nach Haus«, wie es in der »Mondnacht« heißt. Es ist die wahre und deshalb die einzig wirkliche *Befreiungs*-Richtung, die wir einschlagen können. Es ist die Richtung zum Grund, auf dem alles ruht und der alles trägt. Es ist die Richtung auf den im Sein eingeschlossnen Gott zu, aus dem aufsteigt, was ist: auch wir. Diese Grenze können wir überfliegen, weil wir es vom Ursprung her können. Und dieses geschenkte, durch uns weder verdiennoch erschaffbare Vermögen, das die entscheidende *Gegen*-Kraft ist zum unaufhebbaren Unvermögen, die andere Himmelsrichtung anders denn nur als hypertrophe Befreiungsbewegung mit dem Gen des ebenso logischen wie katastrophischen Scheiterns einzuschlagen, ist die verborgene Botschaft hinter der offensichtlichen in Eichendorffs Poesie, für die Adorno die erstaunliche Formel vom »restaurativen Universalismus« findet, der ihren zu verteidigenden Grund bilde, denn, so Adorno weiter: »Wer nicht als Kind ‚Wem Gott will rechte Gunst erweisen, / Den schickt er in die weite Welt‘ auswendig lernte, kennt nicht eine Schicht der Erhebung des Wortes über den Alltag, die kennen muß, wer sie sublimieren, wer den Riß zwischen der menschlichen Bestimmung und dem ausdrücken will, was die Einrichtung der Welt aus ihm macht.«

V

In der Konstatierung der »Narrenwelt«, heißt das, sind sich Eichendorff und sein später Bewunderer einig. Die sich daraus ergebende Notwendigkeit einer poetischen Sublimierung eben jenes Risses aber, der mit ihr verbunden ist und der alles durchzieht, ist jedoch für Eichendorff nichts anderes als das poetische Abstrahlen seiner grundsätzlichen Heilung durch eben jenen Gott, von dem Adorno noch weiß, den er aber nicht mehr persönlich kennt. Daß Eichendorff wiederum mit dieser Grundausrichtung zugleich auf viel radikalere Art in die Gegenwart reicht als Adorno glaubte und für die er ihn doch retten wollte, erkennen wir an einem Dichter des 20. Jahrhunderts, der nur drei Jahrzehnte nach Eichendorffs Tod in Alexandria in Ägypten geboren wurde, Italiener war und 1970 in Mailand starb: Guiseppe Ungaretti, jenem Genie der poetischen Kontraktion, das die Bedeutungspotentiale der Sprache in einem Verdichtungsprozeß zum wahren Grund des Seins hin entfaltete, der radikaler nicht sein konnte und eben deshalb einen Reichtum an Weltdurchdringung evozierte, der in seinem Jahrhundert mit dem nur noch weniger anderer Poeten verglichen werden kann: »Der Ursprung der Dichtung«, so Ungaretti, »ist der Kontakt des Menschen mit Gott, ist der Kontakt des Menschen, der nicht weiß, der niemals wird wissen können.« Dieser Mensch aber, den Ungaretti in sich entdeckt, um ihn für alle zu erkennen, erlebt eine »Mondnacht« im Norden, einen »Morgen« im Süden und in beiden, hält er nur den Kontakt, geschieht dieses zweifache Wunder, das noch heute zu uns spricht, es ist das Wunder der Überwindung des Risses, den unsere »Narrenwelt« für immer durchzieht:

Morgen
Santa Maria La Longa den 26. Januar 1917

Ich erleuchte mich
in Unermesslichem

Mondnacht
...
Und meine Seele spannte
Weit ihre Flügel aus,
Flog durch die stillen Lande,
Als flöge sie nach Haus.

Förslöv (Skåne), im September 2013

Geld, Gold, Gedichte

Spekulationen über einen Zusammenhang,
der nicht auf der Hand liegt

I

Das Pekuinäre und das Poetische, der Bankier und der Dichter, Geld und Geist – wir sind, auch am Beginn des 21. Jahrhunderts, nicht geneigt, das Bindewort zwischen den antipodisch scheinenden Substantiven wirksam werden zu lassen. Eher muß noch immer ein antithetisches Prinzip das Verhältnis der Paare zueinander bestimmen, nicht wenige würden von sich ausschließenden Alternativen sprechen, die meisten mindestens von einer spannungsreichen Beziehung, ein harter Kern der Beobachter vielleicht sogar die Freund-Feind-Konstruktion Carl Schmitts in Anschlag bringen oder die marxsche Prä-Variatio darauf. An harmonische, gar verwandtschaftliche Beziehungen in diesem Zusammenhang zu denken oder auch nur an eine synthetische Pointe, zöge deshalb bei den einen den Vorwurf der Naivität nach sich, andere hörten den Kyniker heraus, dritte hätten die Anklage des Hochverrats parat. Das alles bedeutet: In der poetischen Münze spiegelt sich nach wie vor, wenn es darauf ankommt, der ganze Himmel; in der anderen, die im Portemonnaie zu finden ist, nur die ganze Erde und ihre zwischen arm und reich geteilte Wirklichkeit. Daß der Poet in diesem Koordinatensystem einen anderen Reichtum lebt und schafft als der Reiche, jenseits des Materiellen und eher in der Nähe derer, die wesentlich weniger haben als viel, versteht sich deshalb fast von selbst. Aber selbst wenn die Spitzwegsche Existenzbeschreibung des Poeten in Form eines berühmten und zugleich berüchtigten Gemäldes Poeten-Existenz zwischen Rhein und Oder heute durchaus karikierend, kaum real spiegelt, bleibt doch ein Mythos im Raum, der den Poeten adelt, den Bankier und sein Herrschaftssymbol jedoch tadelt: Das »Non olet« Kaiser Vespasians, seinem Sohn Titus unter die Nase gerieben, weil der ein paar Sekunden lang Probleme mit dem klingenden Ergebnis der väterlichen Toiletten-Steuer zu haben beteuerte, dann aber doch überzeugt war, daß Geld eben nicht stinke, charakterisiert das Geschäft mit dem Geld als Zweck und Ziel zu anderem Zweck und weiterem Ziel nach wie vor dominant. Das Symbol des Poeten bleibt, auch in mythenkritischer Zeit, der reine Lorbeer, und nur der ist der Lohn für sein Geschäft, das das zweckfreie Spiel mit dem Wort ist. Der gehobene Volksmund spricht hier von Abgründen, und Goethe bohrte noch ein Stückchen tiefer, wenn er in seinen »Tag- und Jahresheften« unter 1805 auch festhielt, »daß eine Masse gemünztes Gold und Silber« selbst »dem Unwahren Ansehen und Gewicht« verleiht. Oberflächlicher, doch immer noch ziemlich populär, ist schließlich Brechts klassischer Klassenkampf-Aphorismus, daß der Einbruch in eine Bank nichts sei gegen ihren Besitz. Soviel zur Sache, um die es nicht geht, weil sie auf der Hand liegt.

II

Was in diesem Zusammenhang nicht auf der Hand liegt, ist aber spannender zu suchen. Vielleicht führt eine kleine Geschichte weiter, auch weil sie nur vordergründig ins Zählbare weist; im Kern verführt sie, wie noch jede Geschichte, ins Erzählbare – das, wenn es gelingt, eine Aura entwickelt. Selbst wer keine Gedichte und kaum Geschichten liest und auch sonst ein entferntes Verhältnis zur Kunst im allgemeinen hat, weiß doch in der Regel, daß das Kunstwerk im Wesen über eine auratische Dimension verfügt – wie das Element 79, Aurum oder Gold, von dem das Geld per se her leuchtet und verführt, tief ins Sinnliche, ja Sakrale und Kultische hinein, im alten Ägypten glaubte man, das Fleisch der Götter bestehe aus Gold. Es ist deshalb nicht nur Kritik, Karikatur oder raffinierte

Demagogie, wenn im legendären Comic aus Amerika Onkel Dagobert im exakten Sinne des Wortes im Geld schwimmt oder auf seinen Goldbergen Ski fährt und man ihm ansieht dabei, das »T« für Taler in den Augen, daß ihn in irgendeinem Winkel seines genialen Federvieh-Hirns mehr erfüllt, als nur das Wissen um die schnöde Summe unterm Strich, Geiz-Ente hin, Macht-Erpel her. Was es sein könnte, habe ich einmal, so vermute ich, in den Augen meiner Großmutter, ja, meiner Großmutter, regelrecht leuchten gesehen. Es war ein Leuchten, das ich gerne, ohne zu hoch greifen zu wollen, mit dem Leuchten all jener Fixsterne vergleichen will, deren Feuer wir noch immer sehen können, sie selber aber gibt es schon gar nicht mehr wirklich. Was wir sehen, ist ein Licht, das auf dem Weg durch die Zeit ist, obwohl sein Kern schon lange nicht mehr brennt. Die Natur kann so etwas, und wir sind ein Teil von ihr. Allerdings klingt die rein irdische Dimension der zu erzählenden kleinen Geschichte zunächst einmal weitaus weniger kosmisch, eher steckt sie voller kapitaler Komik. Meine Großmutter starb 1968, und in den fünf, sechs Jahren zuvor muß sie mir die Geschichte erzählt haben, sie spielt in Berlin, wo sie längere Zeit lebte, geboren wurde sie 1895 in Stettin. Um 1908 begann diese Lucie Bartz, das war ihr Mädchenname, in der Hauptstadt des zweiten deutschen Kaiserreiches eine Lehre als Putzmacherin – eine Berufsbezeichnung, die man heute nur noch mißverstehen kann und deshalb erklären muß: Sie lernte im Putzmachersalon Nischang am Alexanderplatz die Kunst, Hüte, Damenhüte vor allem, herzustellen. Damenhüte waren damals Mode und Kunstwerke zugleich, und meine Großmutter erzählte mir, daß sie die neuesten Modelle aus Paris oder London quasi per Spionageakt in die Firma brachte, indem sie, im Auftrag ihrer Chefin, Zirkusvorstellungen, Varietes und die Pferderennbahn in Hoppegarten besuchte, um dort die »up to date«sten früchte- und blumenbeladenen oder federgeschmückten Kopfbedeckungen der Aktricen und Ladies heimlich abzuskizzieren. Schon wenn sie mir dies erzählte, leuchteten die Augen der alten Dame, und dieses Leuchten ließ keinen Zweifel daran, daß es sich um eine phantastische Zeit in ihrem ansonsten an solchen Zeiten nicht gerade reichen Leben gehandelt haben muß. Einen ganz besonderen Glanz aber nahmen ihre Augen an, wenn sie mir schilderte, was es für sie bedeutet hatte, als sie ihren ersten Monatslohn bei Nischangs erhielt: »Ein 20 Mark-Stück ganz aus Gold«, sagte sie, »auf der einen Seite Wert und Adler, auf der anderen der Kaiser.« Als sie mir das erzählte, mit nüchternen Worten, aber entzücktem Unterton, waren seit dem Ereignis über 50 Jahre vergangen, lag also mehr als ein halbes Jahrhundert hinter ihr – versunken das Kaiserreich, die erste deutsche Republik und Hitlers Rassenwahnsystem, der Rest der Nation war geteilt, und in der schlechteren Hälfte lebten wir. Die Aura jener Münze aber strahlte immer noch aus, so sehr, daß ich mir damals unter einem solchen Goldstück nur eine ziemlich großes Stück Geld vorstellen konnte, etwas Taler- oder Dukatenartiges, passend eher zu schweren Holz- oder Eisenkästen mit Schlössern und Beschlägen als in die Börse eines jungen Mädchens am Beginn des 20. Jahrhunderts. Tatsächlich wog sie, die Münze aus 900er Gold, wie ich später einem numismatischen Katalog entnahm, ganze acht Gramm. Meine Großmutter besaß viele Eigenschaften zwischen großzügig und streng; Geldgier zählte nicht dazu. Auch deshalb konnte ich jenen bewahrten Glanz nicht nur nie mißinterpretieren; ich konnte ihn auch in mein eigenes Bewußtsein vordringen und so Bewußtseins-Eigentum werden lassen.

III

Daß meine Großmutter mit dem selben Leuchten in ihren Augen auch Literatur an mich weitergab, darunter Gedichtsammlungen von Storm und Fontane, zumeist Reclam-Ausgaben, die ich heute noch besitze, nehme ich als eine Art empirischen Beweis für meine These. Daß es sich dabei um Familien-Empirie handelt, ist zwar Zufall, eine geringere Gewichtigkeit des beobachteten Phänomens ergibt sich für mich daraus nicht. Was sich ergibt, und wovon hier hauptsächlich die Rede geht, ist eine mir seitdem im paradoxen Sinne der Formel unsichtbare, aber einleuchtende Interdependenz zwischen sich, kulturgeschichtlich gesehen, mit geradezu provokatorischer Distanz gegenüberstehenden Symbolen menschlicher Individuations-Konstrukte um einen radikal subjektiven Wesens-Kern, der sich gesellschaftlich konstituiert, aber damit verbundene historischen Stadien überoder durchdauert: Wenn nämlich gerade auch das »Gedicht als Augenblick von Freiheit« gelten kann, so die Ausgangs-These der Dichterin Hilde Domin in ihren Frankfurter Poetik-Vorlesungen 1987 / 88, dann haben wir damit nicht zuletzt den zentralen Schnittpunkt der spekulativen Linienziehungen zwischen Geld und Gedicht erreicht, an dem sie sich nicht nur schneiden, um danach in grundverschiedene Richtungen weiterzuverlaufen. *Hier* treffen sie zusammen und werden in einem auratischen Prozeßgeschehen – wenn auch außerhalb meßbarer Zeitspannen, so doch phänomenologisch – *eins*. Allenfalls das kosmische Phänomen Doppelstern könnte eine bildlich plausible Analogie schaffen; aber auch ihrem Zwillings-Charakter kommt man eben nur durch eine optische Tiefen-Recherche näher. An genau diesem »goldenen« Schnitt-Punkt muß man sich frei machen von vereinfachenden Unschärfen, in unserem Fall ideologischer Natur, geht es doch an genau diesem Punkt um die reine, die Nur-Natur des Symbolischen, die aber ist ebenso sinnlich

wie abstrakt. In seiner 1900 erstmals erschienenen
»Philosophie des Geldes« hat Georg Simmel davon
gesprochen, daß das Geld »die Greifbarkeit des Abstraktesten« ist, »das Einzelgebilde, das am meisten
seinen Sinn in der Übereinzelheit hat; und so der adäquateste Ausdruck für das Verhältnis des Menschen
zur Welt, die dieser immer nur in einem Konkreten
und Singulären ergreifen kann, die er aber doch nur
wirklich *ergreift*, wenn dieses ihm zum Körper des lebendigen, geistigen Prozesses wird, der alles Einzelne
ineinander verwebt und so erst aus ihm die Wirklichkeit schafft.« Wo derart über Geld geredet wird, wird
geradezu naturgemäß, also radikal über mehr geredet. Deshalb besteht für Simmel »die philosophische
Bedeutung des Geldes« darin, »daß es innerhalb der
praktischen Welt die entschiedenste Sichtbarkeit, die
deutlichste Wirklichkeit der Formel des allgemeinen
Seins ist, nach der die Dinge ihren Sinn *aneinander* finden und die Gegenseitigkeit der Verhältnisse, in denen sie schweben, ihr Sein und Sosein finden.« Eine
solche Deutung aber bestreitet auch nach Simmel
nicht, daß das Geld noch »herabsetzende und verundeutlichende Seiten besitzt«; doch »insofern diese an
ihm wirken, ist es eben nicht Geld«. Der Kern dieser
These ist mit rational-fixierten Analyseverfahren gewiß nicht auflösbar; das bedeutet nicht, daß sie deshalb keinen von einsehbarer Art hat: Er ist, wenn wir
so wollen, *meta*-physisch gedacht, also *vor*-politisch,

vor- ökonomisch wie *vor*-historisch und damit reichhaltiger; verfügt er doch über ein spekulativ-schöpferisches Mehr, das wiederum nicht irrealer Natur ist, sondern eben wirklich idealer. Das aber verweist auf das Modellhafte des Stoffes und seiner Teile, auf seine Formensubstanz und ihre Aspekte, die je und je in einem anderen Verhältnis-Winkel zur ganzen Wirklichkeit stehen und so wiederum das wirkliche Bild vom Ganzen durch sich ergänzende Blickwinkel erst möglich machen. Es ist der Blickwinkel auf das grundsätzliche Vernetzt-Sein der Phänomene, auf ihren prozessualen Durchdringungs-Charakter, auf dynamische Interdependenzen, denen keine aufs Partielle normierte Erkenntnis-Schablone gewachsen ist. Nicht ohne Grund unterstreicht Simmel im Vorwort seiner voluminösen Studie, daß »keine Zeile dieser Untersuchung nationalökonomisch gemeint« sei, denn »wie ein Gedicht nicht nur eine literaturgeschichtliche Tatsache ist, sondern auch eine ästhetische, eine philologische, eine biographische; wie überhaupt der Standpunkt *einer* Wissenschaft, die immer eine arbeitsteilige ist, niemals die Ganzheit einer Realität erschöpft – so ist, daß zwei Menschen ihre Produkte gegeneinander vertauschen, keineswegs nur eine national-ökonomische Tatsache ... Jener Tausch vielmehr kann ganz ebenso legitim als eine psychologische, als eine sittengeschichtliche, ja als eine ästhetische Tatsache behandelt werden«. Die erweiterte Ausgabe von »Philosophie des Geldes«

erschien 1907, nahe an dem Jahr also, in dem meine Großmutter ihre spezielle Erfahrung mit der immateriellen Tiefenstruktur eines Geldstücks aus Gold machte, Energie aufnahm, die sie einen wirklichen Augenblick lang, eben sinnlich frei sein ließ, ohne zu ahnen, daß diese mit dem Goldstück aufgenommene Energie auch dann noch in ihr existieren würde, wenn die Münze schon lange wieder im Zirkulationsprozess des Geldes verschwunden wäre. Hätte sie Georg Simmel damals getroffen und ihm das berichtet, was sie mir Jahrzehnte später erzählte, sie hätte ihn kaum überrascht, aber eindrucksvoll bestätigt, wäre sie doch mit ihrer Erfahrung zum praktischen Beispiel dessen geworden, was er in seiner Studie methodologisch gefordert und zugleich zu Tage gefördert hatte: »An jede Deutung eines ideellen Gebildes durch ein ökonomisches muß sich die Forderung schließen, dieses seinerseits aus ideelleren Tiefen zu begreifen, während für diese wiederum der allgemeine ökonomische Unterbau zu finden ist, und so fort ins unbegrenzte.« Denn in »solcher Alternierung und Verschlingung der begrifflich entgegengesetzten Erkenntnisprinzipien wird die Einheit der Dinge, unserem Erkennen ungreifbar scheinend und doch dessen Zusammenhang begründend, für uns praktisch und lebendig.«

IV

Und das Gedicht? Was hat es in diesem alles verschlingenden Zusammenhang wirklich zu suchen oder auch nur zu bedeuten? »Die Magie des Geldes«, schrieb der legendäre Bankier Hjalmar Schacht, »liegt in seiner Proteusnatur, in seiner jederzeitigen Verwendungsmöglichkeit nach allen Seiten, zu allen Zwecken. Das ist seine Zauberkraft, sein Geheimnis, sein Rätsel.« In der Form sei es zwar »ein nüchternes Handwerkszeug, in seiner Seele« jedoch »die Quelle trunkenster Möglichkeiten«. Zauberkraft, Geheimnis, Rätsel, Magie – das nun sind Wörter und Begriffe, die ganz ohne Schwierigkeit auch auf das Gedicht angewendet werden können – und werden –, um die Kraft und die Wirkung zu beschreiben, die Gedichte – älteste, ursprünglichste literarische Münze, die es gibt – tatsächlich haben. Schachts Formulierung vom Geld als »der Quelle trunkenster Möglichkeiten« schließlich bündelt sogar jene vier Begriffe und das, was sie auch poetisch bedeuten können, zu einer Formel, die wiederum so sehr auf das Gedicht zutrifft, als hätte ein Dichter selbst darüber gesprochen, korrespondiert sie doch aufs intensivste mit jener Formel von Hilde Domin, die das Gedicht als einen »Augenblick von Freiheit« deutet. Insofern sind Gedichte nicht nur die ältesten, sie sind auch die wertvollsten Münzen im Reich der Literatur: mit ihnen ist man wirklich auf »trunkene« Weise frei – frei in einem radikal geistigen Sinne, der jedoch sinnliche, physische, praktische Konsequenzen hat, weil Gedichte nicht nur Phantasien und Sehnsüchte freisetzen, sie befriedigen sie auch, denn sie wollen »schön« sein in der Form und reich an innerem Gehalt, Weisheit, Wissen, Trost. In diesem Sinne verfügen sie über eine unerschöpfliche Glücks-Potenz. Das hat sie übrigens, wie das Geld auch, gerade in jenem Jahrzehnt zwischen 1968 und 1978 schwer in Verruf gebracht bei all jenen, die hinter geistigem und materiellem Reichtum nicht etwa schöpferische Prozesse und emanzipatorische Leistungen vor allem von freien Individuen zu sehen vermochten, sondern nur Demagogie, Ablenkung und Ausbeutung im Rahmen eines Gesellschaftsprozesses der »repressiven Toleranz«. Gedichte waren in diesem Zusammenhang, wenn sie nicht gerade schwarz malten, häßlich redeten oder politagitatorisch tönten, schlicht reaktionär, mindestens aber vorgestrig, anachronistisch. Der Literaturwissenschaftler Peter von Matt hat 1998 eine umfangreiche Streitschrift zugunsten gerade dieses lange denunzierten Teils der Literatur unter dem provokatorischen Titel »Die verdächtige Pracht« vorgelegt und dem Gedicht, dem ein »Wille zur Schönheit« zutiefst zu eigen sei, die Substanz eines »anthropologischen Ereignisses« zuerkannt. Die sich für ihn daraus ergebende Frage nach dem Zusammenhang zwischen solchem Willen und seiner anthropologischen Bedingtheit beantwortet von Matt mit der Einsicht: »Hinter dem Gedicht steht der Stachel einer einzigen Idee: der Vollkommenheit. Der Mensch kann die Vollkommenheit denken. Seit er sie denken kann – und das muß einmal angefangen haben –, ist er davon besessen ... Dabei wird er konfrontiert mit der Zeit. Die Idee der Vollkommenheit wirft ihn überhaupt erst in die Reflexion über die Zeit ... Vollkommenheit kann aber nicht der Zeit unterworfen sein, sonst ist sie nicht mehr, was ihr Name sagt. Die Idee der Vollkommenheit will deren Unbedingtheit und Unbegrenztheit, deren Unvergänglichkeit. Die vollkommene Sekunde als Erfahrung entwirft immer neu den Gedanken einer vollkommenen Sekunde, die nie aufhört und also wahre Vollkommenheit erst wäre.« Für mich schließt sich damit der angedachte Kreis um Dinge, die wir kaum in einem Zusammenhang zu denken wagen. Von Matt beschreibt nämlich letztlich einen geistigen Zirkulationsprozeß im Rahmen der Er-Schaffung von Poesie, der in seiner jeweils »verdichteten« Konsequenz und einer damit verbundenen Symbolkraft hochgradig Analogon wird zu Gold und Geld, das, nach Georg Simmel, zuletzt nichts anderes ist, »als der Träger einer Bewegung, in dem eben alles, was nicht Bewegung ist, ausgelöscht ist, es ist sozusagen *actus purus*«. Das heißt: »Für den absoluten Bewegungscharakter der Welt« gibt es »kein deutlicheres Symbol als das Geld.« Ich würde nicht soweit gehen, aus der provokanten Assoziations-Kette heraus, aus der dieser Versuch lebt, in Bankiers, Finanzministern oder gar -beamten kladestine Poeten zu sehen. Aber die Idee, daß es sich bei beiden um Engel im Himmel des radikal Schöpferischen handeln könnte, bei einem von ihnen jedoch um den »gefallenen«, scheint mir ein Schluß zu sein, der genau die Gemeinsamkeit verrät, die alle bestreiten, die Betreffenden aber vielleicht mit einem gewissen Augenzwinkern.

Im Schnee treiben

Vexierbild zu einem Satz
von Bloch

I

Merkwürdig die Unruhe, die früh in mir aufbrach, fällt Schnee vor meinem Fenster. Noch jedes Mal, erinnere ich, mit schmerzfreiem Zwang, trieb sie mich aus Wärme und Geborgenheit des Hauses, von dem aus ich den Schneefall sah, hin zu den ländlichen Rändern meiner Stadt, in verschilftes Gelände hinter Äkkern, kleinen Wäldern und Wiesen: »Koppeln« war der Begriff meiner Kindheit und Landschaft dafür. Die Unruhe wuchs, je stärker der Wind dabei ging und Myriaden Kristalle horizontal an den Scheiben, die in der Frühe noch Eisblumen kannten, vorbeischießen ließ. So ist es geblieben: In diesen Tagen fällt Schnee wie lange nicht mehr, Sturm treibt ihn über die Wiesen, Hügel und Felder vor dem Haus, der Landweg nach F. ist zugeweht, die hüfthohen Steinmauern, die das Haus umgeben, sind verschwunden wie die

Hänge des Höhenzuges in nordöstlicher Richtung. Es ist früher Nachmittag, ich mache mich fertig. Die einfache These könnte jetzt lauten: Wir kommen nicht los vom Grund, dem wir entkommen sind. Wir nehmen mit, was uns festhält, unter Schmerzen; aber wir nehmen es mit. Der Körper, weiß wirkliche Wissenschaft vom Menschen seit je, erinnert sich noch lange des Abgetrennten; vom Phantomschmerz spricht sie im Zusammenhang. Doch manövriert das Thema damit nur auf engstem Deutungsgelände, verloren und versichert in einem, im Pathologischen. Meine Unruhe, fällt Schnee, bewegt sich vor anderem Horizont. Vor ihm könnte als *essentiell* gesichtet werden, was Bloch einmal glanzvoll bestritten hat, mit einem magischen Satz, dem oft zugestimmt, der aber kaum je geprüft wurde: »... so entsteht in der Welt etwas, das allen in die Kindheit scheint und worin noch niemand war: Heimat.« Die Bedingung, die Bloch dafür nennt, daß Heimat sei, setzt jenen prometheischen Akt des Menschen voraus, der die Harmonie der kosmologischen Sphäre in irdische Räume hinabzuziehen versucht. So berührt – dies zu wissen, war schon im 20. Jahrhundert kein Geheimwissen mehr –, zerstört sie sich aber nur und den Berührer dazu. Allenfalls eine Meteoriten-Existenz kommt dabei zustande. Noch jeder Meteorit verglüht zuletzt jedoch, nichts läßt sich erkennen in seinem Licht, und die magischen Wünsche, die der Mensch an die Erscheinung heftet, sind

Wünsche, die von Wunderkerzen länger erhellt würden. Um so dunkler ist es danach. Am Ende bleibt kalte Kruste, Schlacke, verglühtes Metall. Blochs Satz, heißt das, geht in die Irre aller tellurischen Utopie. Er glaubt, wie inspiriert auch immer, zuletzt auf *nur*-materialistische Weise ans Glück. Das heißt: horizontal, ins Flache gewünscht, am Spiel-Tisch unbegrenzter Versuchung.

Aber das vertikale Durchwärmt-Sein jenes Stoffs, aus dem Kindheit sich speist, indem sie so wird, wie sie war, beginnt und endet außerhalb unserer Möglichkeiten. Nicht jeden erreicht dieser Energiestrom. Das Geheimnis des ungleichen Zutreffens ist dennoch nicht ungerechter Zufall. Deshalb ist es auch nicht ausgleichbar durch Abschaffung von Zufall und Herstellen *gleich*mäßiger inner- wie äußerlicher Zustände »ohne Entäußerung und Entfremdung« des Menschen, »in realer Demokratie«, wie Bloch noch leidenschaftlich glaubte und in entsprechend politik-prophetische Begrifflichkeit faßte; es ist nur Beweis, daß es an *allen* nicht unbedingt sich beweisen muß, um bewiesen zu sein. Warum, weiß der Himmel. Wir sollten ihn deshalb aber nicht flach denken.

II

Die Stadt W., die ich hinter mir gelassen habe, zugleich aber niemals verlassen kann, liegt seit fast achthundert Jahren am südlichen Saum der Ostsee. Die

Winter, in denen die Unruhe aufbrach, liegen Jahrzehnte zurück. Ich habe nicht nur die Stadt verlassen, auch das Land, in dem sie liegt, liegt hinter mir. Es gibt aber Zeiten und Gegenden, in denen solches sich Entfernen dramatischer, passiver verläuft; darum geht es nicht. Es geht um eine Bewegung, ihren Grund, ihren Zweck, ihren Sinn; um das, worauf sie hinausläuft. Um die geometrische Figur, die dabei hervortritt, weil sie sich dahinter verbirgt. Zuletzt entsprechen wir ihr mit unserem ganzen Lebens-Feld, das wir abschreiten und ausmessen in seinem Prozeß selber. Oder nicht, sagen manche und sprechen von Utopie gebliebenen Entwürfen: Die angerissene Figur wird nicht zu Ende gezeichnet, die Vision *ruiniert* sich im Fragment. Seit langem steigt an diesem Punkt die utopische An- und Ein*klage* auf, das verführerische Prometheus-Geflüster: Dem Vollendeten, Göttlichen, sollen Kraft und Gestalt geraubt werden, um sie zur je eigenen zu machen. Wer den Mythos kennt, weiß allerdings um die Folgen, die das Unterfangen zeitigt, die Qualen, die es einbringt, und er weiß um die Solidarität der Säkularen, die dem Gründungsgott der Moderne gilt. Aber wessen Tabu bricht man wirklich, wenn man in der Bestrafung des auf den Felsen geschmiedeten, von Raubvögeln geschundenen Gleich-Machers zuletzt doch nur etwas Angemessenes erkennt? »Hier sitz' ich, forme Menschen / Nach meinem Bilde, / Ein Geschlecht, das mir gleich sei«, proklamiert er in Haltung, Gestalt und

Klassiker-Deutsch, oder gar: »Ich bin kein Gott / Und bilde mir so viel ein als einer«. Dieses Maßlose – emanzipatorisch ausgelegt, usurpatorisch gemeint –, das im jungen Goethe seinen poetischen, seinen politischen Anwalt und Theoretiker katastrophischer Praxis aber in Marx fand, ist das Hybride, das Hesiod an Prometheus, zweieinhalbtausend Jahre zuvor, vor allem kritisch wahrgenommen haben wollte. In seiner *Theogonie*, die der Welt eine Ordnung abzulesen versucht, an der wir nicht verzweifeln müssen, »verkünden« die Musen »in harmonischem Sang«, »was ist, was sein wird und was zuvor war«. Für unser Weltverständnis ist das nur ein beliebiges Motiv, ein beliebtes dagegen kaum noch. Zu begründen, warum, und zu fragen, bei wem, wird sich deshalb als notwendig erweisen.

III

Das Haus, in dem ich lebe, muß nicht abgeschlossen werden, verlasse ich es für die nächste Stunde; nach den großen Städten vergißt man das Vergessenkönnen der Sicherheitsübung nur schwer. Unbesorgtsein am richtigen Punkt muß wieder eingeübt werden, abtrainiert die Angst am falschen. Es ist wie Rückbauen auf einem seelischen Grundriß, der im Archiv verschwunden war. Was so zum Vorschein kommt, verweist auf Wesentliches. Angenommen hat es die Gestalt formierter

Erinnerung, deren Kern abrufbare, lebendige Information ist. *Innaro*, althochdeutsch, zielt auf die Tiefe der selbstbezüglichen Gedanken-Bewegung. Aber nicht so sehr um sich selbst *dreht* sich, wer sich erinnert, heißt das; wer sich erinnert, betreibt Archäologie perspektivischen Charakters: Re-Konstruktion des Verschütteten, Verborgenen: nach morgen hin. Im Grönlandeis werden seit einiger Zeit Bohrkerne gezogen. Sie erzählen vom Temperament der Sonne vor dreitausend Jahren. Das hat mit jedem zu tun, der unter der Sonne gelebt hat, lebt und leben wird. Der paradoxe Begriff des *radikalen* Vorgangs, sonst eher für Menschen-Geschichte reserviert und in An-Spruch genommen, hat nie genauer gepaßt als hier, da *erinnerte* Natur-Geschichte zukünftig *behauptete* kritisch kommentiert, indem sie gegenwärtige Deutungs-Schemata von Natur, die Gefährdungen und Ursachen dafür proklamieren, falsifiziert. Das Falsifizierte kann nun nicht mehr verbergen, worauf es am Ende abzielt: Auf Herrschaft über den »Himmel« über und unter den Schädeldekken der Menschen. Es war Hephaistos, der griechische Gott des Feuers, der Prometheus mit an den Felsen schmiedete. Das tröstet. Mythen, könnte die prospektiv zu erinnernde Wahrheit lauten, sind Grund-Muster unserer Existenz. Auf keinem Wege ist ihnen zu entkommen, auf ideologischem schon gar nicht: Immer endet der Versuch im Schmerz, in Ketten, auf nacktem Fels. Das Urteil ist präsumtiver Natur. Es organisiert der Gerechtigkeit letzten Grund, der nicht zu enteignen ist durch uns.

IV

Selbst im stürmischen Schneetreiben ist die Landschaft, durch die ich gehe, genau das Idyll, das sie immer ist, fern jeder geo- oder meteorologischen Dramatik. Hier ist der Prozeß der Erde, sich durch Faltung, Vereisung und Schmelze zu gestalten, durch Erosion oder Eruption, längst in scheinbar ewig sanfte Gestalt übergegangen. Nicht nur für den einzelnen Menschen zeigt Natur fast überall solch Ewigkeits-Gesicht, sogar der Gattung dürfte die Bild-Statik der Erscheinung gültig sein. Und doch ist sie Chimäre. Nicht so sehr im schnellen Gegenbeispiel beweist sich das: Der aktive Vulkan ist dort, wo er seit Menschengedenken aktiv ist, Teil des geomorphologischen *Status quo*, selbst wenn sich Profile verändern, Partien verschieben, temporär Flora und Fauna verschwinden, ebenso das Meer, das im unberechenbaren Steigen oder Sinken überflutet, vertrocknen läßt, aushöhlt oder anhäuft. Es beweist sich im gegenwärtigen Gesamtwissen über den Charakter kosmologischer Prozesses wie in den Ur-Mythen, denen schon vor Zeiten zu deuten gelang, was unübersehbar geblieben ist: daß alles Seiende in der Zeit existiert. Daß es Zeit-Gestalt trägt, ohne deshalb auch grundlos zu sein. Der älteste *Kosmos*-Begriff, der Heraklits, setzt die Bewegung selbst, den prozessualen Rhythmus des Ganzen, ins Zentrum der Erkenntnis, wenn es mit ihm heißt: »Diesen Kosmos, derselbe für alle [oder: alles] machte weder einer der Götter noch der Menschen, sondern er war immer und ist und wird sein lebendiges Feuer, erglimmend nach Maßen und verlöschend nach Maßen.« Wer diesem Rhythmus begegnet, ist dort angekommen, wo man nicht hingehen kann, aber *sein*: »Heimat«, sagt Bloch dazu und *hofft* bloß, wo er doch *erinnern* könnte. Denn eines geschieht hier gerade nicht: Daß sie *in* die Kindheit scheint von nirgendwo her. Aus ihr *heraus* dafür um so mehr. Man muß allerdings offen den Rück-Blick riskieren; was Ausblick genannt wird, Fortschritt, Zukunft, verdient die Skepsis vor dem dünnen Prospekt. Der *Kreis*-Lauf ist die Figur des wiederholten Heraus-Scheinens von Heimat ins eigene zunehmende Leben, das nur so ein wieder und wieder *zu sich* kommendes ist. Nur der kann auf Heimat hoffen, heißt das zuerst und zuletzt, der sie schon immer gefunden hat. Bloch hat das Geheimnis des Grund-Zyklus', in dem Heimat – einmal aufgetaucht – vorhanden bleibt, auf die Linie des politischen Sehnsuchts-Telos herabmanövriert wie Prometheus das Feuer auf die Erde. Der Preis ist *leere* Hoffnung; Schmerz, nicht Glück. Dabei ist es geblieben, verbinden wir »Heimat« ausschließlich oder auch nur zu eng mit der politischen Sphäre und ihren Gesellschafts-Begriffen wie -Konstruktionen.

V

Wo aber vermieden wird, was in leere Hoffnung verführt oder auf Horizonte »Goldener Zeitalter« zu, deren metallene Dimension einzig das Rasseln eiserner Ketten ist, vermögen wir zu halten, was uns hält: die Energie-Achse durch uns, um die sich ein Tanz dreht, der wir sind: »So zogen sie damals mit himmlischem Gesang zum Olympos und freuten sich ihrer schönen Stimme; rings jauchzte die dunkle Erde zu ihrem Lied, und reizend klang der Takt ihrer Füße, als sie zu ihrem Vater gingen.« Hesiods Beschreibung eines Tanzes ist der Tanz der Musen vor Zeus, dessen Töchter sie wiederum sind, gezeugt mit Mnemosyne, der Göttin des Gedächtnisses. »Neun sind es«, schreibt Hesiod, »denen Feste gefallen und Beglückung durch Lieder«. Mit ihren Künsten, die sie zugleich verkörpern, »schenken« die Musen »Vergessen der Übel und Trost in Sorgen«. Aber sie feiern die Ordnung des Kosmos nicht nur vor Zeus; nicht nur die Göttertafel im Olymp ist der festliche Platz. Auch auf Erden sind solche anzutreffen, auf dem Parnaß bei Delphi zum Beispiel. Im Wort »Fest« steckt das lateinische *fanum*, das einen »heiligen, der Gottheit geweihten Ort« meint, und hier verbindet sich auch das Sinnliche mit dem Sinn, das räumlich Besondere mit dem besonders Atmosphärischen. Insofern ist »Heimat« heiliger Ort, an den zurückzukehren bedeutet, ein Fest zu feiern, das wiederum Harmonie schenkt, fraglose Geborgenheit, bergende Ordnung. *So,* und nur so, kommt der Olymp auf die Erde – präsentisch im wirklichen Ereignis, nicht futurisch im nur Erhofften –, weil er schon immer auch auf der Erde weilt: Ingredienz einer Potenz, der nicht nur nichts gestohlen werden kann, der auch nichts gestohlen werden muß. Die Musen, nicht Strategien des *Zoon politikon* schließen die Verbindung und damit den Kreis, den wir mit ihnen, von Fest zu Fest, durchlaufen. Aber was ist ein Fest wirklich, und was ist es wirklich nicht?

VI

Könnte es sein, daß es ein Fest ist, das mich hinaustreibt, fällt Schnee? Könnte es sein, daß dieses Treiben im Schneetreiben ein Tanz ist, der zu diesem Fest gehört, das sich, wie jedes Fest, erst »dadurch bestimmt, daß hier nicht ... vereinzelt wird, sondern alles versammelt ist« (Gadamer)? Aber mit wem versammelt sich ein Einzelner auf seinem Weg durch den Schnee, den der Wind ihm ins Gesicht treibt? Mit den Bildern vom Tanzen im Schnee, die hinter ihm liegen, vielleicht? Freunde tanzen in ihnen, deren Namen längst vergessen sind, nicht aber ihre Gesichter: Sie teilen die brennende Kälte mit ihm, das gefrorene

Brot, ein kaltes Getränk aus einfacher Flasche aus einem Beutel auf dem Schlitten, einem Rucksack am Körper. Sie teilen den Schmerz des Körpers, die Euphorie seiner Seele. Und sie teilen Welt-Phantasien: unendlich weit entfernt von jener, die sie soeben durchziehen. Zwischen den Flockenmyriaden, die sie, dicht an dicht, umwirbeln, breiten sich Räume aus von gewaltiger Weite: die *ganze* Natur. Der natürlichste *Spiel*-Raum der Welt: ein *Welt*-Raum des Spiels. In *ihm*, nirgends sonst, *sind* sie in diesem Moment, und deshalb auch morgen, und übermorgen: So weit das Zukünftige reicht. »Das Einfache«, sagt Heidegger in seinem Text über den »Feldweg«, »verwahrt das Rätsel des Bleibenden und des Großen. Unvermittelt kehrt es bei den Menschen ein und braucht doch ein langes Gedeihen. Im Unscheinbaren des immer Selben verbirgt es seinen Segen.« Zu diesem Weg gehört an seinem Ende das Haus, das man für ihn verlassen hat. Wo dieses Haus steht, ist zwar nicht unbedingt gleichgültig; am Ende eines solchen Weges aber steht immer *es*. Es zu erreichen, ist nicht nur der Sinn. Es ist auch nur möglich, weil wir aus ihm kommen, aus der Wärme, die es erfüllt.

Unterwegs aber geschieht »jene Gemeinschaft, wo die Sehnsucht der Sache nicht zuvorkommt, noch die Erfüllung geringer ist als die Sehnsucht«. Von diesem Punkt gefährlichster Verheißung aus, politisch codiert bis ins Ideologische, versucht Bloch schließlich, jenem »absoluten Zielbegriff« mit allen Sinnen und Gedanken entgegenzuschwärmen, der, weil dem Menschen möglich, das »Ungeheure in einem Dasein« sei, »wo das Beste noch Stückwerk« bleibe – um dann, als eschatologische Paraphrase, an ihn die berühmte marxsche Prometheus-Formel zu montieren: »Der Mensch lebt noch überall in der Vorgeschichte, ja alles und jedes steht noch vor der Erschaffung der Welt, als einer rechten.« Doch montiert er sie, am Ende seines »Prinzips Hoffnung«, unausweichlich wie eine Pointe, die aus dem Lauf einer blockierten Pistole kommt: Der Schuß geht nach hinten los, und das Gedanken-Gebirge, aufgetürmt um des einen Satzes willen, der seine Spitze bildet, stürzt über derselben zusammen. Es fällt Schnee auf dieses Gebirge, das sich nun in sanfteren Wellen gefällt, und noch immer ist Sturm. Aber der sie durchquert, den Sturm, den Schnee, das Gebirge, kehrt einfach nur heim.

Kroken (Skåne), den 31. Januar 2004

Bell Island im Eismeer

Poetische und andere Notizen
zum Gebrauch der Droge »Arktis«

*Meinem Lehrer Peter Heidrich,
gewidmet zum 70. Geburtstag*

I

Die Sucht, von der hier zu berichten ist, ist zuerst und zuletzt Konstrukt einer *Sehn*sucht, *sich* als Subjekt (der Natur) in Natur-Räumen zu rekonstituieren, denen Natur so sehr zu eigen ist, daß das Subjekt, das sie betritt, über keinerlei Mittel mehr verfügt, daraus im Prozeß der Annäherung Objekte werden zu lassen, tendenziell und faktisch also berechenbares, zuletzt nur noch materiell verwertbares Terrain. Verwandlung, bedeutet das, findet allein auf Seiten des sich hineinbegebenden Subjekts statt; diese Ver*wandlung* wiederum wird erfahren und, in paralleler wie nachschwingender Reflexion, begriffen als das Überschreiten einer Grenze. Es ist diese Grenzüberschreitung, die nach der Rückkehr in die uneigentlichen Natur-Räume, in Räume primär urbanisierten und ökonomisierten Welt-Geländes, im Bewußt-Sein des Subjekts geradezu kristallisiert und zum Erinnerungsstoff wird. Ein Stoff, der den Effekt eines paradoxen Zu*standes* speichert: Grund-Erfahrung durch Aufgehoben-Sein. Das ist auch eine Formel, die dem Entzauberungsprozeß der Moderne (einschließlich seiner karnevalistischen post-Phase) genau dort widerspricht, wo sie das Ganze, den unauflösbaren Zusammenhang zwischen Geist und Stoff, bestreitet, indem sie es, durch Teilung, reduziert. In diesem Prozeß wird die Erde zwar rund gesehen, aber das Sein flach gedeutet; zuletzt prallt solch Irren allerdings doch wieder auf den Menschen, der ihn durchschaut: Die Trunkenheit der Moderne ist keine, sie ernüchtert. Sie ist auch keine heilsame Suche nach Klarheit, ihre Klärungs-Ekstasen sind lediglich kalte Hysterien: Wenn Blut spritzt, fliegen für sie Späne. Alles ist maß*los*, aber *meß*bar. Der Mensch ist nicht einmal Tier, er ist nur Zufall. Die Provokation der Moderne ist nicht die Befreiung vom falschen, sondern ihr armseliger Begriff vom wirklichen Leben. Die von ihr so verfehlte Natur ist auch die von ihr unerreichbare. In solche Richtung geht, mit Demut gerüstet, das so gedemütigte Subjekt: um sich, eine Zeitlang, im Versöhnten zu begegnen, das heißt aufgehoben zu sein im grundsätzlich Ganzen. In diesem Akt der Vor-*Weg*-Nahme konditioniert das

Subjekt die Ver-*Fügungs*-Kraft des Ganzen zur eigenen Potenz seiner Passage ins Passende. *Sehn*sucht danach ist danach Sehn*sucht*. Auch hat der Raum, in dem es geschieht, einen Namen; wer den Körper, zu dem er gehört, je berührt hat, wünscht, ihn wiederzuberühren: So begegnet sich schließlich das *subjektive* Subjekt im objektiven, das *Wesen* im Wesentlichen. Was hier, vor allem bewußtseinssphärisch, geschieht, hat Ernst Jünger in seinen »Drogen und Rausch«-Notaten *Annäherungen* festgehalten:

»Zustände der Exzitation oder der Meditation, die denen des Rausches ähnlich sind, können auch auftreten, ohne daß toxische Mittel verwandt worden sind. Das weist darauf hin, daß durch die Droge Kräfte geweckt werden, die umfassender sind als die einer spezifischen Intoxikation. Sie ist ein Schlüssel zu Reichen, die der normalen Wahrnehmung verschlossen sind, doch nicht der einzige.«

So kommen wir, im umfassendsten Sinne des Wortes: weiter.

II

Es gibt ein berühmtes Gemälde, das die eben umrissene Konstellation, vor allem aber ihre verborgenen Einschlüsse, in einem irreversiblen, radikalen

Enthüllungsakt vorzeigt. Es stammt von Caspar David Friedrich und heißt *Der Mönch am Meer*. Vielleicht *die* Ikone des romantischen Lebensgefühls und seiner Sehn*sucht* nach Verschmelzung mit dem beseelten Ganzen angesichts des Risses durch die Existenz des Menschen, inszeniert es *Realität* als Ideal, um die Möglichkeit idealer Realität über den Bewußtseinshorizont des modernen Individuums zu heben. Novalis nannte das »qualitative Pontenzierung«. Insofern ist das Bild auch ein Akt der Er*hebung* aus den Niederungen zivilisatorischer Gipfel-Stürmerei, eine *R*evolte »gegen« den linearen Bewegungs-Terror (zwischen 1789 und 1810), indem sie hinter der ebenso (macht)technischen wie (macht)ideologischen Linie, die den zeitgenössischen *Fort*schritt (der Robbespierre und Napoleon) markiert, zurück*bleibt* und die Mobilisations-Rhetorik des eingeläuteten revolutionär-imperialen Massen-Zeitalters mit einer Retraite in den Bereitstellungs-Raum des Seins »beantwortet«. Das Bild ist zumeist als Allegorie restloser Verlorenheit des Menschen im Universum verkannt worden; es ist aber ein Bild, das vielmehr den Moment vollkommenen *Da*seins zeigt: der selbstlosen Ankunft des *subjektiven* Subjekts in der Herkunft, im *objektiven* Subjekt, dem Ganzen also. Es zeigt, so begriffen, die *U*rszene *des* Subjekts, das *wir* sind; indem es sie nicht bestreitet, beweist es zugleich, warum wir ihr *dauernd* entgegengehen müssen, beschreibt es doch die damit *not*wendig verbundene Passage des Erschauerns in eine des not*wendigen* Er*schauens.* Friedrich selbst gab im Zusammenhang zu Protokoll:

»Ich muß allein bleiben und wissen, daß ich allein bin, um die Natur vollständig zu schauen und zu fühlen; ich muß mich dem hingeben, was mich umgibt, mich vereinigen mit meinen Wolken und Felsen, um das zu sein, was ich bin.«

Dieses Modell einer *unio mystica* mit der Natur, der griechischen Seins-Melodie näher als der christlichen, ist gänzlich unhysterisch, statisch auf mortale Weise ist es erst recht nicht. Es lebt vielmehr von der durchdringenden *Sehn*sucht nach De*mut* angesichts des Ganzen. Etymologisch, dies kann gewußt werden, leitet »Demut« sich ab vom althochdeutschen *muot*, das für die »Kraft des Denkens« steht, aber auch für »Seele«, »Herz«, »Gesinnung«, »Gefühl«, »Absicht« und »Neigung«. Zusammengesetzt mit dem ebenfalls althochdeutschen *thio,* dessen germanische Wurzel die Bedeutung von »Knecht« hat, meint es jedoch nicht nur das formale Bindungs-Verhältnis und die daraus resultierende »Bereitschaft zum Dienen«; es zielt auf ein *Treue*-Verhältnis radikaler Natur: und damit wesentlich tiefer. Földenyi hat in seiner Friedrich-Studie *Die Nachtseite der Malerei* den Sinngewinn der Übung erkannt, wenn er sagt:

»Die auf die Spitze getriebene Verlassenheit ist verlockend: aus ihr ist die Einsamkeit des Schöpfers herauszufühlen, in ihr kann die Einsamkeit in ihren Gegensatz, die universelle Gegenwärtigkeit, umschlagen.«

III

Bell Island gibt es, wie es den Mond gibt. Die Insel liegt in einem Winkel der Erde, den Menschen im Prinzip kaum öfter angesteuert haben dürften als den Mond; doch ist die Wahrscheinlichkeit hoch, daß sie den Mond eines Tages intensiver bereisen könnten als jemals Bell Island. Das spricht für die Insel und ihre phänomenologische Kraft, in ihr nicht nur das *sinnliche* Sinn*bild*, sondern zuerst und zuletzt die Reflexionskontur des Ortes zu erkennen, den Nishida in seiner *Logik des Ortes* als den Ort philosophiert, »der alles entstehen läßt« und um dessen Anziehungskraft dieser Versuch in seinem Zentrum kreist. Bell, Bestandteil des seit 1930 unter sowjetischer, heute russischer Souveränität stehenden Franz-Joseph-Landes, das zwischen 79°50' und 81°50' nördlicher Breite und 42° und 65° östlicher Länge liegt, gehört zu den kleinsten Inseln des Archipels. Ihre Lage am südwestlichen Rand der stark vergletscherten, menschenleeren Trümmerlandschaft im Eismeer nördlich der Barentssee – auf dem 80. Breitengrad und in Sichtweite der für die Erforschungsgeschichte des

Gebiets strategisch wichtigen Northbrook-Insel, auf der Jackson, Nansen und andere Legenden der Polarforschung Quartiere errichtet haben –, hat *Tor*-Charakter, auch weil östlich von ihr die Einfahrt zur ersten Süd-Nord-Achse des Archipels, dem Britischen Kanal, beginnt: Wer weiter nach Norden vorstoßen will, versucht es zunächst hier. Als Freunde und ich im August 1991 zum ersten Mal Franz-Joseph-Land erreichten, mit einem sowjetischen Forschungsschiff aus Murmansk kommend, war es die Küste von Bell und ihr vom Eispanzer befreiter, hoch liegender Terrassenstrand aus zahllosen Geröllkugeln, die mir, am Ziel der Passage, die Augen öffneten: hin zu einem dunklen Tafelberg, dem Restbestand des einstigen Plateaus, über dem ein graublaues Wolken-Kondensat lag, unter dem die vollkommen erratische Szenerie leicht wurde, zu schweben begann. In diesem Augen-Blick war aus der *Sehn*sucht des Kindes, das ich war, das Geheimnis der Welt hinter den letzten Häusern der Menschheit zu erblicken, eingeübt in den Winterlandschaften vor der Stadt, die Sehn*sucht* eines Mannes geworden, der an sein Ziel gekommen war, um es von nun an immer wieder erreichen zu wollen. Die Berührung mit Händen und Füßen fand wenig später, jedoch nur für dreißig Minuten statt. Der Expedition lief eine Gefahr entgegen, der sie nicht mit Waffengewalt begegnen wollte. Sie entschloß sich zur Umkehr. Ein Jahr später war es wieder soweit: Im August 1992 sind wir erneut mit dem Forschungsschiff

Professor Molchanov, das nun unter russischer Flagge fährt, nach Franz-Joseph-Land unterwegs. Unter dem 16. August vermerkt mein Tagebuch:

»9 Uhr 15 Ausschiffen nach *Bell Island.* Wetter bedeckt, aber relativ hoch gelegene Wolkendecke, so daß gute Sicht auf die Insel ist, fast windstill. Anlandung unkomplizierter als 1991. Unser Weg geht über Schuttwälle und Terrassen aus kugelrundem Gestein aller Größen. Von grauschwarzer Farbe, sind sie zumeist mit tiefschwarzen Flechten besetzt. Danach geraten wir auf eisüberzogenen Strand. Darauf Spuren von Leben: Algen ... Die Formen- und Farbenvielfalt im Mikro- wie Makrobereich ist ›unwahrscheinlich‹, aber auch wirklich. Wir hören die Brandung des arktischen Ozeans – ein vollkommen irreales, aber ebenso vollkommen anwesendes Geräusch in dieser Wüste ... Gegen 12 Uhr 15 erreichen H., F. und ich die Hänge des Restplateaus von Bell. Eigentümliche Steinwälle im Vorfeld; Aufschüttungen, als seien sie von Lebewesen bewerkstelligt worden, und auf der Oberfläche der Steinwälle, die von Wind, Frost und Eis glattgehobelt sind, liegen in fast geraden Linien Basaltblöcke aufgereiht: große Gleichmäßigkeit in der Verteilung. Die Blöcke selbst sind kaum abgerundet, geschweige denn rund. Eine merkwürdige ›Kunstausstellung‹, denn ›natürlich‹ kommt einem dieses Arrangement zunächst nicht vor. Auf dem Weg hierher haben wir viele angeschwemmte Baumstämme gesehen, bleiches Holz, das im Nichts bereitliegt, was zu werden? Ich frage die Freunde, welchen Begriff man für jene Zeit finden müßte, da der Archipel noch nicht entdeckt war, also vor 1873, aber schon jahrhundertelang von Menschen bearbeitete Natur, geschlagenes und geschältes Holz aus Sibirien, hier angeschwemmt wurde? Botschaften, die nicht aufgenommen, sondern in den natürlichen Prozeß kommunikationsloser Kommunikation einbezogen wurden. Die Antwort gibt die Natur selbst: Am Hang finde ich im Felsschutt, wie schon auf Northbrook, versteinertes Holz ... Auf dem Rückweg, kurz vor dem ersten Steinwall, dem – hinter breiten Zwischentälern mit breiten Frostrinnen – noch zwei weitere folgen, entdecken wir auf einem reinen Schneefeld Rotalgen-Kolonien. H. hat zuvor gesagt, dieses Leben kriegen wir Menschen nicht klein. Die Natur setzt sich durch, und wenn es darauf ankommt, über uns und über die von uns ausgehenden Bedrohungen hinweg.«

Der harte Satz meines Freundes, in den Raum von Bell gesagt, war kein Widerstandsakt aus dem Geist ökologischer Militanz; es war ein philosophischer Satz, aus unmittelbarer Ein*sicht* in das Wesen des Ortes gewonnen, dem wir unsere Zu*stimmung* gar nicht verweigern konnten, selbst wenn wir gewollt hätten. Er war mit dem Gesicht nach Norden und dem Rücken nach Süden gesagt, und es war die Stimme des *Mönchs am Meer*, mit der er gesagt worden war. Der Schriftsteller Jürgen K. Hultenreich, von dem er stammt, hat ihn später, in seinem Essay *Seiner inneren Landschaft eine äußere suchen*, variiert und vervollständigt:

»Die zivilisierte, demokratische, meinetwegen auch royalistische Welt tut mir gut. Die ursprüngliche dagegen, die ohne uns auskommt und uns auch, so meine ich, nicht braucht, tut nicht einfach nur gut, sondern radiert jegliche Überheblichkeit weg und zeichnet Inneres neu ... Die Natur – besonders, wenn sie mächtig, großartig, imposant ist – verweist auf uns, wirft uns, da wir sie betreten, auf uns selbst zurück. Sie hat mit meiner Vorstellung vom Glücklichsein, meiner Hoffnung nichts gemein. Und doch gibt sie sich dem, der sie ebenbürtig behandelt, der sie als Teil seiner selbst sieht, preis. Im Kleinsten ahne ich das Größere, im Großen das Kleine. Ich verliere die Angst, werde ein Teil, indem ich teilnehme; innere Ruhe stellt sich ein ... Ich, der Bewohner eines Sterns unter Sternen, ahne mit Gewißheit, nicht mehr theoretisch, etwas von der Repräsentation des Ganzen in jedem Einzelnen.«

Auch Hultenreich ist, wie alle, die auf unseren vier Expeditionen nach Franz-Joseph-Land dabei waren, zum Arktis-Sehn*süchtigen* geworden: »Ich will«, bekennt er im selben Essay, »die mit nichts auf der Welt zu vergleichenden Eindrücke *wieder* erleben.« Hinter der Prosa dieses Satzes verbirgt sich, *als Erblicktes,* das, was man das *autopoietische* Sinn-*Geheimnis* des Seins, seine vollständige Beseeltheit, nennen könnte. In Platons *Timaios* finden sich frühe Formeln dafür; ihr Ausgangspunkt: ein das Gute und Schöne wollender Gott:

»In dieser Erwägung bildete er die Vernunft in eine Seele und die Seele in einen Körper ein, und fügte so aus ihnen den Bau des Weltalls zusammen, um so naturgemäß das möglichst schönste und beste Werk vollendet zu sehen.«

Diese »Beseeltheit« ist keine Frucht am Baum der Erkenntnis, an der man sich vergreifen könnte; wer sie be*greift,* begreift vielmehr das Grund-Gesetz des Seins: »die Proportion«, die alles (ver)bindet (»zu Einem«, sagt Platon), damit sich nichts verliert.

V

Am 14. November 1991, keine drei Monate nach meinen ersten Schritten auf *Bell Island,* entsteht ein poetischer Text über jenes auch von mir Erblickte, dem die Verdichtung des Geschauten insofern gelingt, als er nicht nur chronologisch zu einer Art *Ur*text für alle nachfolgenden poetischen Texte im Anschluß an weitere Expeditionen wird. Er ist das Paradigma meiner *Sehn*sucht, die Sehn*sucht* wurde, Protokoll einer rauschhaften Passage, die keine pathologischen Folgen zeitigte, ohne deshalb folgenlos zu sein. Es ist ein Text, in dem Bewußt-Sein final zu sich selbst kommt, die Dinge zu Ende schaut, den Kreis schließt – in dieser Radikalität aber nicht verschwindet, sondern den Anfang, auch den *eigenen*, erblickt und ihn zur Sprache bringt:

BELL ISLAND IM EISMEER

Wasser das
Wasser ist Weg zwischen
Stein und Gestein: Erdblut
ragt übers Eis geronnene
Zeit darauf der Himmel
lastet. Ich habe

gesehen, lichtweit, einen
Entwurf ohne mich und
ich war glücklich:

Kuppeln über
der Kuppel blühten aus
Nebeln blaue Bogen Wolken
Nester in denen die
Sonne sich zahllos
gebar, und eine
Stille der

ich zu glauben
begann. Nichts widersprach
ihr die der Eissturmvogel
durchschnitt, meine
Augen strandeten
ohne Furcht in
schwarzen

Buchten Treibholz zu
sammeln um mir kein
Haus zu errichten.
An meiner

Seite das kleine
Geschrei aus vergänglicher
Not später Geräusch
knirschendes
Echo Spur
die

sich im
Rücken verlor Eis
Wind kühlte die Lippen bis
sie zersprangen, und das
ganze Gesicht

Gelächter

VI

Das Gesicht des *Mönchs am Meer* ist nicht zu sehen; doch dürfen wir uns zumuten, daß es kein entsetztes ist.

Spitzbergen

Am kalten Rand der Erde

> »Vielleicht gibt es kein verläßlicheres
> Vorbild für unergründliche Schönheit
> als die aus großen Bitternissen
> aufgetauchten Gestaltungen.«
> Roger Caillois

Reisen wie diese beginnen nie an dem Tag, an dem sie beginnen, und sie enden auch nicht mit der Heimkehr. Was sie antreibt, lebenslang sozusagen, könnte, um ein Bild zu gebrauchen, Augen-Durst genannt werden. Magie ist im Spiel; die bannende Kraft des Un-Bewußten; Sinnlichkeit aus schierem Sein heraus. Ur-Sprung. Und nicht zufällig steht am Beginn jener Lust, die solch einer Anziehungskraft gehorcht, oft der Klang eines Wortes, das Bild eines Namens.

Klang-Bild: Svalbard.

Wo orten wir diesen Ton und seine Bedeutungs-Kontur, die uns, wenn wir nachschlagen im Altnordischen, kühl ein Land kalter Küsten verheißt oder – noch prosaischer – lediglich auf einen »kalten Rand« am Ende der Welt verweist?

Wort und Bedeutung haben eine Geschichte, die am Ausgang des 12. Jahrhunderts beginnt, dann aber – mit dem historischen Versinken derer, die es aussprachen und verstanden – ins Vergessen geriet. Bis der Ort, dem der Name galt, Jahrhunderte später neu entdeckt wurde. Von Willem Barents, einem holländischen Seefahrer auf der Suche nach der Nordostpassage. Er benannte das, was er am 17. Juni 1596 urplötzlich aus den eisigen Fluten des Polarmeeres vor sich aufragen sah – gewaltige Felszacken, die schwarzviolett grauweiße Wolkenbänder durchstießen –, entsprechend genau: Spitzbergen.

Am 16. August 1989 flogen mein Freund, der Fotograf Jürgen Ritter, und ich um 9 Uhr 50 mit einer Linienmaschine der SAS das erste Mal von Oslo über Tromsö nach Longyearbyen, dem Hauptort des zu Norwegen gehörenden Svalbard-Archipels: im Gepäck wind- und wetterfeste Kleidung, Überlebensnahrung, Stärkungspräparate, Medikamente, ein Zelt, Schlafsäcke, Bücher, Landkarten, Fotoausrüstung und – ja, eine Taschenlampe.

Eine Taschenlampe?

Ich gebe zu, daß wir erst am Ende des ersten Tages auf Svalbard, am Schluß einer überwältigenden, nicht enden wollenden Ankunft, über diesen unfreiwilligen Witz gelacht haben: Zwischen Mitternacht und neuem Morgen, als wir aus dem Fenster unseres Quartiers blickten und endlich begriffen, wo wir waren: nördlich des 76. Breitengrades, eine gute Flugstunde vom Pol entfernt, im Reich der Mitternachtssonne.

Gelesen hatten wir es wohl – ob in Andreas Umbreits nüchternem, dabei aber höchst instruktivem Reise-Handbuch »Spitzbergen« oder in Alfred Anderschs poetisch präzisem Svalbard-Diarium »Hohe Breitengrade«.

Aber das Un-Glaubliche mußte wohl auch von uns erst gesehen werden, mit eigenen Augen, um wirklich zu sein.

Die Nacht als Synonym für Dunkelheit war von nun an etwas Fernes, Zurück-Gelassenes; und unsere inneren Uhren kamen aus dem Takt. Den Takt bestimmten unsere Augen und das, was sie sahen – rund um die Uhr. Natürlich macht der Körper irgendwann nicht mehr mit, denn natürlich wird das Rund-um-die-Uhr-Sehen-Wollen nicht nur vom Augen-Durst wachgehalten, sondern ebenso vom Wissen um die begrenzte Zeit, die zur Verfügung steht.

Sieben Tage sind viel Zeit, wenn man erstmals einen Traum erreicht, und aus demselben Grund unendlich wenig.

Beim Anflug auf Svalbard kommt gegen 14 Uhr die Südwestküste des 63 000 Quadratkilometer großen Archipels in Sicht: Eine ostwärts sich ausbreitende, glasklare Endlosigkeit gibt den Blick frei auf ganze Gletscherserien, zwischen denen sich grauviolette Gesteinsmassen auftürmen. Messerscharfe Konturen,

Schutthalden, Eis und davor stahlblaues Wasser, in dem blendendweiße Partikel treiben.

Die Gletscher selber – kilometerbreite Eisströme des südwestlichen Sörkapp- und Wedel-Jarlsberg-Landes – sind von zahlreichen graubraunen Rissen gezeichnet: riesige Schnittmusterbögen der Natur, aus denen sich doch kein Lebens-Gewand schneidern läßt.

Ernst Jünger hat 1964 angesichts dieser Küsten, denen er sich allerdings aus der Schiffsperspektive näherte, einen Gedanken notiert: »Hier ist auch verloren, wer nach dem Schiffbruch im eisigen Wasser noch das Ufer gewinnt.« Später hält er den Gegen-Satz fest: »Die Arktis. Wunderbar erscheint nicht nur, daß Leben Widerstand leistet, sondern daß es eigene Reiche ausbildet.« Schließlich die Synthese: »Dazu die Stille, die zuweilen der Schrei eines Vogels betonte – der Geist geht in sich, es wird feierlich.«

Zwischen Jüngers Blick auf das Land unter uns und dem Tag, an dem wir es betreten, liegt ein Vierteljahrhundert. Damals mußte man per Schiff in diese Stille. Heute braucht man von Tromsö nach Longyearbyen, knapp 1000 Kilometer mißt die Strecke, ganze 90 Minuten Flugzeit. Dann leuchtet der Maschine am Anfang des Adventfjords eine 2200 Meter lange moderne Landepiste entgegen, daneben ein Tower, Abfertigungsgebäude, Autos, Busse, Menschengewimmel.

Nein, die Zeit ist nicht stehengeblieben. Sie schreitet, was die Infrastruktur des norwegischen Hauptortes (ein Industriezentrum und -museum zugleich) betrifft, mit Riesenschritten voran. Der mehrsprachige Farbprospekt »Svalbard« der norwegischen Luftfahrtgesellschaft »Braathens Safe« notiert unter der Zwischenüberschrift »Dienstleistungen in Longyearbyen« augenzwinkernd-lässig: »Bank, Post, Geschäfte, Reisebüro, Museum, Kirche, Grund-, Jugend- und weiterführende Schule, Schwimmbad, Bibliothek, Kino, Geldautomat, Cafés, Restaurant, Frisör, Camping, Mietwagen, Schneescooterverleih, eigene Zeitung, Taxi, Krankenhaus, Zahnarzt und Bäckerei. Sonst noch was...?« Die findigen Norweger im etwas über tausend Einwohner zählenden Hauptort haben aus leerstehenden Wohnheimen der »Großen Norwegischen Kohlen-Kompagnie« (von sieben Gruben im Gebiet Longyearbyen arbeiten nur noch zwei) einen florierenden Hotelbetrieb gemacht: schlicht, sauber und teuer.

Hier wird für sieben Tage unser Hauptquartier auf Svalbard sein. Von hier aus gehen wir nur mit den nötigsten Ausrüstungsteilen belastet ins Gelände oder auf See. Von hier aus fahren wir mit dem Leihwagen schweres Gepäck zum Hafen, neue Freunde auf den Campingplatz oder in das rund um die Uhr geöffnete »Kafe Busen« (Café Kumpel) im Zentrum des Ortes – dank der großzügigen Subventionspolitik der Kohlen-Kompagnie ein Schlaraffenland für Arbeiter und Gäste: gutes Essen zu Niedrigpreisen und soviel man will, dazu alkoholfreie Getränke gratis.

Und wenn es ein Kommunikationszentrum auf Svalbard gibt, dann ist es dieses »Kafe Busen«, wo man in vielen Sprachen Europas nur von einer einzigen Sache schwärmt: vom »Land der kalten Küsten«, das neben einer einmalig schönen Natur-Geschichte eine ebenso einmalige politische zu bieten hat.

Bis 1920 war Svalbard Niemandsland und Anspruchsobjekt vieler europäischer Mächte. Da tummelten sich besonders im 17. Jahrhundert Dänen, Schweden, Deutsche, Briten, Russen, Italiener, Amerikaner und Niederländer. Es ging um vermutete Schätze und erreichbare. Gold und Silber fanden sich nicht im Gestein, aber Kohle. Dafür um so mehr »Gold« in den tiefen und kalten Meeren um Svalbard: Wale, Robben, Walrösser, Fisch; und an Land gab es Eisbären und Polarfüchse.

Nach knapp zehn Jahrzehnten herrschte wieder Ruhe, das Meer war von Walen, Robben und Walrössern entleert. Bordelle, Kirchen, Bäckereien, Zelte und Hütten stürzten ein, lösten sich auf – arktisch langsam und doch unübersehbar. Die Stille kehrte zurück. Nur hin und wieder noch brachen Wissenschaftler und Forscher ins todesruhige Refugium ein. Darunter Salomon Andrée, ein schwedischer Polarforscher, der mit Hilfe eines Gasballons den Pol überfliegen und von der Dänen-Insel, kurz vor dem 80. Breitengrad, aufsteigen wollte.

Am 11. Juli 1887 startete Andrée mit zwei Begleitern, unter sich ließ er ein kleines Fabrikgelände zurück und eine Landschaft, die Fridtjof Nansen zu der Bemerkung veranlaßte: »Einen trübseligeren Ort hatte man im ganzen Land nicht finden können.«

Diesen Ort erreichen wir am 19. August gegen 17 Uhr 30. Wir sind seit dem Vortag – zusammen mit 13 weiteren Passagieren: Deutsche, Franzosen, Norweger, Italiener, Holländer und eine Afrikanerin – an Bord der MS »Svalbard«. Ein 400 PS starkes Passagierschiff, das eine Wochenendtour von Longyearbyen bis zum 80. Breitengrad anbietet: sozusagen die Paradestrecke Svalbards, landschaftliche Kleinodien an der Westküste vom Eisfjord Richtung Norden – Buchten, Fjorde, Bergketten, Eiswände und zahllose Eilande zwischen dem Prinz-Karls-Vorland und den Nordwest-Inseln, vorbei an den sieben Gletschern des Albert-I.-Lands.

Ein erstes Ausbooten gibt es im Magdalenenfjord zur berühmten Gräberhalbinsel: ein monumentaler Totenhügel, übersät mit sandfarbenem Geröll, auf dem nachtschwarze Flechten wuchern. Am Ende des Fjords: das türkisene Blau in der höhlendurchzogenen Bruchkante des Gletschers.

So nah waren wir solchem Schauspiel bisher noch nie. Möwen tummeln sich auf schwimmenden Eisbergen; und wieder taucht ein schwarzer Robbenkopf aus dem spiegelglatten Wasser, in dem die unwillkürlich stille Landschaft sich verdoppelt. Ein gelbgrüner

Moosteppich am Rande der Gräber-Odde verwandelt das wüste Gelände vollends in einen Ort aufbrechenden Lichts, und dennoch liegt ein Verharren über allem: »Das Licht«, sagt der Philosoph Schelling, »beschreibt alle Dimensionen des Raumes, ohne daß man sagen könnte, daß es ihn wirklich erfülle ...«

Alfred Andersch hat die Dänen-Insel, die wir Stunden danach betreten, im Unterschied zu Nansen nicht nur als schön, sondern als »etwas ganz Besonderes« erblickt. Sie war für ihn »so vollendet wie ein Wellenzug«.

Als wir diese grauschwarze, steinerne Welle in Richtung Norden verlassen, habe ich ein paar Steine in der Tasche und einen eisenbraunen Drehspan, dessen Ringe zusammengerostet sind: Der Ballonfahrer Andrée hat eine Menge Metall und Holz zurückgelassen, das nun seit über 100 Jahren mit dem Grund, auf dem es liegt, zusammenwächst.

Gegen 21 Uhr haben wir den 80. Breitengrad erreicht. Der Kapitän läßt die Schiffssirene aufheulen; die »Svalbard« dreht sich – nun hat sie im Rücken einen Himmel voll flüssigem Gold, das lautlos ins Meer rinnt, sich ausbreitet wie die Schmelze eines Stahlofens – ihr Licht reicht bis zu den letzten Inseln der Nordwest-Gruppe, den dunklen Schlußsteinen in dieser Ecke des Svalbard-Archipels.

Zweieinhalb Stunden später, es ist gleich Mitternacht, sind wir wacher denn je: Knallrote Schwimmwesten um den Leib, steigen wir in den Zodiac, ein Gummischnellboot mit Außenborder, und jagen anschließend der Amsterdam-Insel entgegen: einem flachen, lagunenartigen Felsteller mit Berg, auf dem das heute nur noch sagenhafte Sünden-Babel Svalbards, die Trankocher-Zeltstadt Smeerenburg (was soviel wie »Speckstadt« heißt), für ein Jahrhundert des Wal-Mordens und Feierns errichtet worden war.

Der geröllreiche Strand ist mit Schwemmholz übersät, darunter riesige Stämme von den sibirischen Flüssen. Ein paar schlackenschwarze Tranofenreste ragen aus dem Sand, angegrünte Walwirbel sowie zeitgenössisches Strandgut aller Herren Länder.

Am 21. August sind wir wieder in Longyearbyen. Ob wir geschlafen haben, wissen wir nicht mehr so genau. Aber was wir sahen, geistert durch unsere Köpfe: Krossfjord und Lilliehöökfjord – beide voller Eisberge nach mächtigen Gletscherabbrüchen in der vorangegangenen Nacht –, der Königsfjord, an dessen Südwestufer Ny-Ålesund, die nördlichste Stadt der Welt, liegt. 50 Einwohner leben in diesen Tagen noch hier, in der Polarnacht harren nur 15 aus.

Wenn der Tod sich mit schönen Masken tarnt, dann hat er hier eine Meisterleistung im Verkleiden vollbracht: Ny-Ålesund ist als Stadt nur Kulisse, »das perfekte Tote, das der planende Geist hinterläßt«, lese ich in Jüngers Spitzbergen-Tagebuch. Und doch: Es gibt ein funktionierendes Postamt und eine Galerie, die phantastische Fotos der Schwedin Eva Marie Widmark sowie Aquarelle von Ilse Storrund zeigt.

Eines kaufe ich, und als ich mit dem Bild unterm Arm in Richtung Postamt gehe, ruft mir plötzlich eine Frau hinterher: »Sind Sie es, der mein Bild gekauft hat?«

Ehe ich antworten kann, steht Ilse Storrund vor mir. Sie spricht perfekt Deutsch mit leicht dänischem Akzent, und dann kommt es heraus: Die Malerin hat einen Vater, der aus Dresden stammt, eine dänische Mutter und ist seit 40 Jahren mit einem Norweger verheiratet. Zum sechsten Male arbeitet sie für einige Wochen hier oben.

Schlagartig sind mit dieser Frau und ihrem fröhlichen Gesicht alle finsteren Visionen und tristen Momente des Ortes verschwunden: »Hier ist man konfrontiert mit der wirklich großen Natur, und deshalb komme ich immer wieder.« Als die »Svalbard« ablegt, winkt Ilse Storrund uns noch lange hinterher.

Am vorletzten Tag entschließen wir uns zu einem Wagnis: Wir wollen mit einem seetüchtigen Zodiac einige sonst unerreichbare Orte – zwei aufgegebene russische Siedlungen am Südufer des Eisfjords sowie Barentsburg, das sowjetische Zentrum auf Svalbard – doch noch zu Gesicht bekommen.

Bis vor wenigen Jahren waren Barentsburg im Grönfjord und Pyramiden im nördlich von Longyearbyen gelegenen Billefjord für Touristen gesperrt. Als eine Signatarmacht des Spitzbergenvertrages von 1920 fördert die Sowjetunion und in ihrer Nachfolge Rußland seitdem in mehreren Siedlungen Svalbards Tertiär-, also erdgeschichtlich recht junge Steinkohle. Die Russen haben im Rahmen des Vertrags Hausrecht in ihren Siedlungen. Andersch berichtet, daß ihm 1969 ein Landgang in Barentsburg nicht möglich war.

In der Nacht vom 21. zum 22. August fahren wir bei diesigem Wetter von Longyearbyen ab. Im Boot verstaut das Zelt, Medikamente, Schlafsäcke, Lebensmittel, ein Karabiner mit Munition (wegen der Gefahr streunender Eisbären) und Ersatzteile für das Boot. Wir sind eingehüllt in grellrote Überlebensanzüge, jeder hat einen Feldstecher zur Hand; in die Karten haben wir uns von einem kundigen Bootsfahrer Untiefen und Strömungsverhältnisse eintragen lassen. Vor einer knapp 600 Meter hohen Wand, dem Vogelfelsen westlich von Longyearbyen, müßten wir höllisch aufpassen, hat man uns gesagt, und sollten sie in großem Abstand passieren.

Regen schlägt uns ins Gesicht. Das Boot ist offen. Nur das Gepäck ist mit einer Plane abgedeckt. Aber wir wollen die 60 Meilen schaffen, die von den Russen aufgegebenen Siedlungen Grumantbyen und Colesbukta sehen, schließlich Barentsburg oder »Die Sowjetunion in Norwegen« besuchen.

Um 2.30 Uhr haben wir das erste Ziel erreicht: Grumantbyen. Vollkommener Verfall beherrscht das Gelände. Ein Geisterort, in dem als einzige Lebewesen ein Polarfuchs und ein Ren herumstreunen. Zusammenbrechende Häuser, verwaschene Farben, zerfallene Produktionsanlagen. Um die gespenstische Szenerie zu vollenden, haben Stürme ein rostiges Monument vom Appellplatz auf den schmalen, steilen Geröllstrand stürzen lassen: ein meterhohes Hammer-und-Sichel-Symbol aus rostenden Stahlrohren, das sinnlos-verloren gegen Himmel und See steht, Untergang und Zusammenbruch markierend. Wir halten uns in Grumantbyen nicht lange auf.

Gegen 3.30 Uhr sind wir wieder auf See; eine Dreiviertelstunde später laufen wir in die totenstille, riesige Kohlenbucht ein. Hier gibt es einen Schiffsanleger, einen Kranturm, Kais und etliche Häuser. Als wir näher heranfahren, sehen wir auch hier: Verfall, bizarr Verbogenes, Zusammenbruch, Tod.

In der Nähe des völlig morschen Anlegers erhebt sich urplötzlich ein riesiger Schwarm Seeschwalben, ohrenbetäubendes Geschrei erfüllt die Bucht – wir machen einen großen Bogen um den seltsamen Aufenthaltsort und gehen an anderer Stelle an Land.

Als wir um fünf Uhr abfahren, ahnen wir nicht, daß es noch drei Stunden Fahrtzeit bis Barentsburg sind. Wir haben die Strecke – sowohl auf der Karte als auch mit dem Auge – völlig unterschätzt. Der Regen hat zwar aufgehört; es ist klar geworden; viele Gletscher vom nördlichen Ufer des Eisfjordes leuchten zu uns herüber, doch allmählich frißt sich die Kälte des arktischen Spätsommermorgens auch durch die Überlebensanzüge. Wind und Wellen werden stärker, ebenso unsere Müdigkeit. Bald ist Barentsburg zu sehen, aber es kommt und kommt nicht näher: vor unseren Augen die Silhouette einer einzigen dampfenden und rauchenden Fabrikanlage. Ein Frosthauch liegt über dem Bild, in das wir unbeirrt hineinfahren.

Es ist acht Uhr geworden, als wir endlich an einem russischen Schiff anlegen, hilfreiche Hände uns auf das viel höher gelegene Deck helfen. Drei Wörter Englisch von den Russen, drei Brocken Russisch von mir – bald ist der Tee in der Kajüte gebrüht; wir tischen auf, was wir mitgebracht haben: Barentsburg ist nicht mehr verschlossen.

Dennoch verläßt uns das Frösteln an diesem Morgen nicht, und es hat nicht nur mit dem Absinken der Temperatur auf 0 Grad Celsius zu tun: Barentsburg ist von seiner Anlage und Architektur her eine Mischung zwischen Kasernenkomplex und Arbeitslager. Im Zentrum des kalten Areals die Leninallee. In der Mitte eine überdimensionale granitene Leninbüste. Wer sich ihr von hinten nähert, geht einem riesigen Leninbild am unteren Ende der Allee entgegen; wer dieses Gemälde im Rücken hat, sieht den steinernen Schädel vor sich.

Die Menschen, die uns begegnen, sind freundlich oder neugierig. Keiner treibt uns fort; man bietet uns wieder Brot und Tee an. Als das Wetter schlechter wird, beschließen wir, abzufahren. Lange wird uns nachgewunken, wie in Ny-Ålesund. Aber als wir am späten Nachmittag wieder Longyearbyen erreichen, jenen Ort, den wir zuerst so trist und technisch fanden, kommt regelrecht Heimatgefühl in uns auf.

An diesen beiden Orten kann man, wie in einem Laborversuch, studieren, was offene und geschlossene Gesellschaften für urbane Konsequenzen haben. Bis in das Baumaterial der Häuser, in die Farben und Formen der Gemeinschaftsanlagen geht der radikale Unterschied.

Der politische Alltag Europas hat uns mitten im nördlichsten Naturparadies des Kontinents eingeholt. Wir müssen ausschlafen, um diese Bilder wieder zurücktreten zu lassen, um erneut einzutauchen in das Licht im Land der kalten Küsten, an denen keine Bäume und Sträucher wachsen, aber Eisbäume zwischen den Sturzschutthalden der Sandstein-, Granit- und Schieferformationen, die sich zu gewaltigen Bauwerken erheben – von den »gotischen Kathedralen« des Nordens hat Alfred Andersch gesprochen.

Inseln haben wir betreten und Gletscher bestiegen, Steine gesammelt und in diesem baumlosen Land ein kleines Wunder erlebt: Blätter, schwarz oder rostrot, winzige Nadeln oder groß wie das Laub von Linden. Wir haben es aufgehoben und mitgenommen, das Stein-Laub von Svalbard, das vor Millionen Jahren auf die Erde fiel, verschwand, um nun von *unseren* Augen und Händen *berührt* zu werden.

Franz-Josef-Land

Das Gestade der Vergessenheit

»Das Wesen der Dinge ereignet sich
an den Rändern des Nichts.«
Antoine de Saint-Exupéry

»Die Natur trägt immer die Farben
des Geistes.«
Ralph Waldo Emerson

I

Alles Träumen verweist auf ein Ziel. Erreichen wir es, begründet es einen neuen, stärkeren Traum, der im Grunde der einzige ist: auf das einzige hin. So träumen wir uns – in Kreisen, von Pol zu Pol – aus den inneren Räumen in ihre äußere Entsprechung und zurück.

Was wir suchen in dieser Bewegung, wird nie geklärt, aber als Suche erfaßt, die einer Pflicht folgt, in der wir uns gerettet wissen. Was wir finden – hinter all den Bildern aus Wind, Sand, Gestein, aus Eis, Schnee und den jeweils anbrandenden Meeren – ist ein blendendes Licht, zu dem chaotische Dunkelheiten ebenso gehören wie metallenen Helle, Eisnebel durchschneidende Strahlen wie glutpressende Himmel, bis der glühende Streifen erlischt und Nacht herrscht: an keine Zeit gebunden oder an eine, die Zeit hat.

Dieses Licht, das alles, worauf es fällt, beherrscht und durchdringt, selbst wenn es versinkt, ist die anziehendste Maske des Todes, die wir je zu Gesicht bekommen. Es brennt dasjenige in uns aus, was sich als Leben geriert, um uns mit der einzigen Asche zu füllen, der wir entkommen können. Phönix, sagt der Mythos. Heute belächelt oder *verwußt*. Wo wir doch längst wieder ahnen müßten, kristallklar und sandkornfein, daß er exakt bezeichnet, was Roger Caillois die »Geburt der unausweichlichen Gestaltung« genannt hat.

Ihr Prinzip: Der goldene Falke mit dem Reiherkopf, der den Urhügel des Weltenbeginns berührt und wieder verläßt, um in großen Zyklen – also regelmäßig – zurückzukehren: brennend, schließlich ein aschener Leib, der sich von diesem fragilsten Punkt seiner Existenz aus, die sich für eine Spanne das Bild von Nicht-Existenz leistet, erneuert erhebt.

Ein scheinbar grundloser Aufstieg aus tiefstem Ab-Grund: in Wirklichkeit nichts weniger als *das* Gesetz. »Erst die Sprache der Phantasie – so scheint es – trifft die Wirklichkeit, welche sich jeder Erforschbarkeit entzieht.« (Karl Jaspers)

II

Alles ist Asche, weil alles Licht ist. Und vice versa. Diesem Gesetz entgegengehen, heißt, sich zugleich der »absoluten Ordnung der Dinge« (Ralph Waldo Emerson) stellen.

Aber wie?

Und erst recht: Wo?

Unsere Zeit hat die Erde vermessen; die letzten weißen Flecken – ein synoptisches Lesen alter Karten mit gegenwärtigen visualisiert den historischen Prozeß zeichenhaft schnell – wurden schon lange geschwärzt und benannt. Aber sie hat sie auch, glaubte sie bislang unbeschwert, in einem anderen Sinne vermessen: zu Ende durchschaut, ihr Wesen entzaubert.

Doch mittlerweile dämmert es, daß solches Vermessen seiner dritten, kritischen Bedeutung krisenhaft nahekommt: die Hybris belegend, die uns – als Wissenschaft getarnt – treibt, das Sein in Griff und Begriff zu bekommen; es auf Formeln und damit Funktionen zu reduzieren.

Gewiß, wir müssen – als Teil dieses Seins – sein wie wir sind, um sein zu können. Und zu diesem So-Sein gehört, gleichsam elementar, der Griff nach Begriffen. Doch die Richtung solchen Be-Greifens darf nicht zur Hin-Richtung des Begriffenen werden, das allenfalls – selbst in der exaktesten Ein-Ordnung und plausibelsten Aus-Nutzung – ein Berührtes sein darf.

III

Um solches Berühren geht es. Denn alles Berühren ist ein Verweilen in den Eilmärschen des Lebens, das ohne solch zeitanhaltende Nähe nicht sein könnte. Dies widerspricht nicht dem Grundgesetz der Physis, nach dem sich im Wandel zwar alles verwandelt, aber nichts verbraucht. Es entspricht ihm.

»Die Achsen künftigen Verstehens werden sinnlich sein«; es geht um das »Programm einer Umstellung auf ein sinnlich signiertes Welt- und Selbstverständnis« schlechthin (Wolfgang Welsch). Aber wie leben wir solche Programme, wenn wir ihnen anhängen, weil wir der Abhängigkeiten unserer vermessenen Zeit müde sind, die sich rastlos gebärdet, utilitaristisch, effizient, funktional: aufsteigend, vorwärtstreibend, pausenlos selbst noch in den bezweckten Pausen – und so totalitär Lebendigkeit simulierend, wo doch nur Bewegungswahn herrscht, der sich lebendigen Leibes zu Tode bewegt.

Dagegen wird *was* gesetzt?

Ein Ort der Stille? Ein Ort, an dem diese Stille auch hörbar wird? Hörbar im Branden des Ozeans und Säuseln des Windes über vereisten Klippen, bevor er ein Sturm wird? Oder hörbar in der Sprache der Vögel, die diesen Raum durchfliegen, bevor sie ihn verlassen? Um wiederzukehren. In welcher Gestalt?

Müssen wir weit reisen, um solchen Ort zu erreichen? Oder müssen wir nur weit genug reisen, um ihn auch in der Nähe zu finden? Und ist solch ein Wiederfinden der Stille, wo immer und wenn es gelingt, nicht zugleich ihr *Wiedererfinden* und alles dessen, was ihr Klang-Gestalt verleiht?

Wer solche Fragen stellt, arbeitet – schon im Stellen – an einer Antwort, die sich dem Leben endlich wieder als dem zu nähern versucht, was es ist: ein »unbegreifliches Geheimnis«.

Chargaff hat in einem seiner Essays an dieses Wort Hegels erinnert, der jenes Geheimnis in der »Allgegenwart des Einfachen« sah, das sich in »vielfacher Äußerlichkeit« zeige.

Gewiß, manchmal müssen wir weit reisen, um nahe zu kommen: Uns und seinem Sein im Sein, das uns umgibt, aus dem wir sind.

Orte, die uns diese einfache Wahrheit des Wirklichen wieder erfahrbar werden lassen, gibt es immer noch viele. Orte, an denen wir »statt zu begreifen ... zu einer Vertrautheit mit der Wirklichkeit (kommen), die wir wohl als (Verständnis) bezeichnen können« (Hans-Peter Dürr).

Einer von ihnen liegt dort, wo die Erde sich dem nördlichen Pol entgegenwölbt, wo sie Bilder entwirft, in die man gehen kann, um da zu sein: ohne Rück-Sicht und Vor-Sicht, losgelöst von allem, was Sein lediglich simuliert: Hier *ist* es wirklich. Hier trifft jede Berührung den letzten Grund.

Von ihnen soll nun erzählt werden, und damit: Von uns.

IV

Franz-Josef-Land. Der Name des Landes, das ein Archipel ist, steht, dies ist gewiß, in scharfem Kontrast zur Himmelsrichtung, der wir folgen müssen, um es zu erreichen. Dem Zeitgenossen jedenfalls ist er fremd bis zur Absurdität; er glaubt es, hört er ihn und auch noch als Ziel genannt, südlicher denn je und liegt damit so falsch wie richtig: Seine Entdecker gehörten dem österreichisch-ungarischen Vielvölkerreich des 19. Jahrhunderts an. Als sie am 30. August des Jahres 1873, in 79°43' nördlicher Breite und 59°33' östlicher Länge, Gefangene einer über einjährigen Irrdrift im Schleppnetz nordpolaren Packeises oberhalb der gewaltigen russischen Doppelinsel Nowaja Semlja, an einem scheinbar beliebigen Tag aus grauem Licht und eisern fesselndem Eis einen Riß erblickten, einen riesigen Riß im bislang undurchdringlichen Himmelsgewölbe aus Nebel und Sturm und Nacht, aus schneidendem Licht und weltabgewandter Stille – da wurden sie *gewahr*, worum ihr Träumen – bei Tag und bei Nacht – gekreist hatte: ein Land jenseits menschlichen Wissens, aber diesseits der Phantasie. Einer Phantasie, die von Gestalten und Gestaltungen weiß, lange bevor sie auf der Höhe der jeweiligen

Vermessens-Stufe der Zeit vermessen, berechnet und
– Detail für Detail – eingeordnet werden.

Auf alten Karten, die in jener Stunde die gültigen waren, trug das Gesichtete noch einen anderen Namen: Gillis- oder Gilesland. Die *reine* Vermutung. Die Benennung bezog sich auf Spuren und Spekulationen vergangener Zeiten, die nicht wußten, wo Grönland endet und Svalbard beginnt; sie umriß eine Ahnung aus Lust, Traum und Ziel-Schmerz. Sie erhörte dieses Ziel, weil es nach Berührung schrie: mit unüberhörbarem Schweigen. Es war, wenn wir so wollen, das unüberhörbare Schweigen eines »Gestades der Vergessenheit«.

Auf noch älteren Karten war aber nicht einmal die Idee zu ihm vorhanden. Doch die weißen Flecken auf ihnen warfen in einigen Menschenhirnen unruhig flakkernde Schatten, denen sie folgten: unbeirrbar und zweifelnd zugleich; ausgeliefert dem uralt vermeldeten Gesang der Sirenen, aber keineswegs ihre Opfer, selbst wenn sie irgendwo strandeten, den Tod fanden und ihre Leiber am Ende das Skelettfeld auf der Insel jener göttlichen Wesen, die zwischen Himmel und Hades ihren Seins-Ort haben, bereicherten.

Exkurs ins Zentrum: Wie sehr der Mensch um etwas Un-Bekanntes, Nie-Gesehenes, wissen und es *gewahr* werden kann – nicht in mystisch-ekstatischer Phantasmagorie, sondern im Sinne eines poetischen

Erkenntnis-Paradigmas – Hölderlin schreibt: »Wer das Tiefste gedacht, liebt das Lebendigste« –, darauf verweist, mit geradezu ungeheurer Präzision, dieser scheinbar so ungefähre Name, der zugleich der Titel eines Gemäldes ist: »Das Gestade der Vergessenheit«.

Er individualisiert ein Bild, das im Jahre 1889 das Licht der Öffentlichkeit erblickte. Geschaffen von dem deutschen Maler Eugen Bracht, zeigt es Klippen und vereisten Strand einer Insel, die nördlich aller Menschenstimmen liegt.

Ein Todes-Gemälde, gewiß; aber *der* Ort, den der Maler schaute, um etwas anderes, Wesentliches, wiederzuerkennen, das ihm verlorengegangen war: einen Menschen.

Eugen Bracht hat dieses Bild, sein berühmtestes, nach dem Tode seiner Frau geschaffen, und – mit Hilfe von Briefen und Tagebüchern ist es zu rekonstruieren – er hat dieses nördlich-eisige Gestade, das »Gestade der Vergessenheit«, zusammengesetzt aus geradezu entgegengesetzten Teilen: aus Fragmenten südlicher Küsten- und Gebirgsprofile, die er auf mehreren Reisen durch mediterranes Gelände und den Sinai skizziert hatte.

Brachts Bild nun ist das Bild der Insel Wilczek, die am südöstlichen Rande des Franz-Josef-Landes liegt.

Dabei hat er, dies ist sicher und wiederholt, die Insel, die er malte, nie gesehen. Es ist nicht einmal bezeugt, was theoretisch möglich gewesen wäre, daß

Bracht um jene österreichisch-ungarischen Entdecker Payer und Weyprecht, die ihm ja Zeitgenossen waren, gewußt hat. Und selbst wenn ihm der voluminöse Expeditionsbericht Payers, 1876 in Wien erschienen, bekannt gewesen sein sollte: Die vielen Zeichnungen darin zeigen jedenfalls nichts von dem, was er malte.

Aber er malte es.

Das Bild wurde noch im Entstehungsjahr mit der »Großen Goldenen Staatsmedaille« im Rahmen der »61. Ausstellung der Königlichen Akademie der Künste« zu Berlin gewürdigt und avancierte in kürzester Zeit zum populärsten Farbdruck seit Arnold Böcklins »Toteninsel« von 1880.

Jürgen Ritter und mir kam Brachts Bild erst über einhundert Jahre später, im Herbst 1992, unter die Augen – nachdem wir zuvor, im August 1991, das von Bracht nicht gesehene, aber geschaute Vor-Bild gesehen hatten: während unserer ersten gemeinsamen Reise nach Franz-Josef-Land, der im selben Monat des darauffolgenden Jahres die zweite folgte, die dritte schließlich im August 1993.

V

Der Erkenntnis-Satz lautet: Das unbekannte Gesehene wiedererkennen als das Wahrgenommene. Oder: Das Begriffene als Berührtes – ein methodisches Ideal.

Natürlich: Wenn wir *so* reden von einem Erreichbaren, in der Sprache des Unerreichbaren, begeben wir uns in den Wider-Spruch zu uns selbst. Aber exakt darauf kommt es an. Dann wenn wir solch Wider-Sprechen nicht wiedererlernen, enden wir in der Sprache der Rechner mit ihren Zahlenkolonnen, Statistiken, Bilanzen und Diagrammen, die in der Aufzählung dessen, was zu *haben* ist, was baren Verlust oder Gewinn ausmacht, das Bleibende unterschlagen, das ein Seiendes ist: *unverwertbarer* Wert, Sinn-Bild der eigenen Anwesenheit: dort und darüber hinaus.

Der historischen Entdeckungs-Geschichte entspricht deshalb immer jene, an die wir uns selbst zu erinnern vermögen. Es handelt sich um vergleichbare Berührungs-Ebenen, wenngleich sich die technischen Annäherungsweisen im Laufe der Zeit natürlich unterscheiden. Allein: lediglich in unserem wissenden Bewußtsein, nicht in unserem sinnlichen, dem der *aisthesis,* das die historische Entdeckungs-Geschichte in eine aisthetische perpetuiert: mit jedem *eigenen* Augen-Blick auf das wieder zu Entdeckende, der die Kraft beseelt, die ihn beseelt.

Unsere eigene Entdeckungs-Geschichte des Archipels Franz-Josef-Land währt nun schon über zwei Jahre. Sie begann mit einer Vor-Berührung, die eine hautnahe Fern-Berührung war: im Jahre 1989, als wir erstmals Spitzbergen betraten oder Svalbard, das Land der kalten Küsten.

Im Gepäck hatten wir Bücher, die andere eigene Entdeckungs-Geschichten verzeichneten: den Spitzbergen-Essay »Hohe Breitengrade« von Alfred Andersch, Ernst Jüngers Spitzbergen-Tagebuch von 1964 oder Christoph Ransmayers Roman »Die Schrecken des Eises und der Finsternis« über den fiktiven Polar-Sehnsüchtigen Josef Mazzini aus Italien, den der Autor auf die Spuren jener italienischen Landsleute setzt, die ein reichliches Jahrhundert zuvor dem böhmischen Offizier und Militärtopographen Julius Payer und dem (Österreich-Ungarns Kaiser und König dienenden) Schiffsleutnant Karl Weyprecht aus Hessen ins nordöstliche weiße Nichts der damals bekannten Erde folgten.

Während sie alle, bis auf den Schiffsmaschinisten Otto Krisch, die jahrelange Traum-(Tor-)Tour überlebten und letztendlich heil und erfolgreich, mit neuem Land im Gepäck, nach Hause zurückkehrten, auch wenn ihr hochmodernes Schiff, die »Admiral Tegethoff«, im Eismeer versank, verschwindet Ransmayers Held unserer Tage in den Schneewüsten Spitzbergens für immer: Franz-Josef-Land, das unerreichbare Traum-Ziel, vor den geschlossenen offenen Augen.

Der wichtigste Text im Gepäck aber war der Bericht der ersten Entdecker: Ein Sammelband mit Auszügen aus Tagebüchern »deutschsprachiger Forscher« über »Grönland, Spitzbergen und andere Inseln der Arktis zwischen 1760 und 1912« fachte die Leidenschaft an, sich über die östlichen Küsten Spitzbergens fast wie in Trance hinauszudenken: im Kieleis der »Tegethoff« und ihrer Besatzung.

Aber was Ransmayers Romangestalt scheitern läßt und noch 1989 im Sinne des Wortes auch uns *begrenzt*, ist nicht so sehr die kalte Wildnis jener Gebiete, in denen all die wirklichen, wahren und wirklich wahren Entdeckungs-Geschichten spielen, sondern die scheinbar dauerhafte politische Vereisung: Der ersehnte Archipel gehört zu Rußland, das bis 1991 noch Sowjetunion heißt. Er ist Teil eines riesigen Sperrgebietes; allenfalls betretbar für Militärs oder ausgewählte Forscher östlicher Länder.

Daß westliche Satelliten längst genauesten Ein- und Überblick haben, was die geographische Gestalt und die militärpolitische Bedeutung des Archipels betrifft, ändert daran nichts.

Doch im Frühjahr des magischen Jahres 1991 verspricht eine kleine Zeitungsnotiz das Ende der von Menschen bewirkten Vereisung zwischen Svalbard und Franz-Josef-Land.

Die norddeutsche POLAR Schiffahrts-Consulting hat Kontakt zu einem russischen maritimen Wissenschaftsinstitut aufgenommen und eines ihrer Forschungsschiffe gechartert, die im Arktishafen Murmansk – einem zwischen gigantischem Schrottplatz und Science-fiction-Basis changierendem atomar-maritimen Militärzentrum auf der Kolahalbinsel – liegen:

Auch sie im Sog des zerfallenden Imperiums, das weder finanzielle Kraft noch administrativen Willen hat, Forschungsbetrieb und sicherheitspolitische Isolationsdoktrin weiterhin aufrechtzuerhalten.

Dies ist sozusagen die welthistorische Voraussetzung für die Wiederentdeckung des Franz-Josef-Landes durch unsere eigene, *ureigene* Entdecker-Lust.

VI

Am 10. August 1991 landen wir – per Flugzeug von Hamburg über Helsinki und St. Petersburg kommend – am späten Abend in Murmansk. Die Besatzung der »Professor Molchanov«, ein 1982 in Finnland gebautes, 2200 BRT großes Spezialschiff für Forschungsaufgaben in polaren Breitengraden, erwartet uns schon.

Mit uns beziehen ihre Kabinen holländische Naturschützer, deutsche Arktis-Enthusiasten, die auch schon Grönland und Spitzbergen besucht haben, sowie ein Glaziologe aus Österreich: Heinz Slupetzky kann es in dieser Stunde eigentlich immer noch nicht fassen, daß das ganz und gar Unwahrscheinliche *wirklich* wahr werden soll: Er wird sie sehen, die unverwechselbaren Gletscherkappen des Franz-Josef-Landes – wie Payer sie beschrieb und zeichnete, wie Nansen sie rühmte. Konvexe Eislinsen über dunklen Basaltplateaus und -massiven, die nur wenige Küsten und Kaps freigeben. Ein eisig herrschendes Sanftheits-Profil, das sich gravierend von dem Spitzbergens unterscheidet. Allenfalls in den schwer zugänglichen nordöstlichen Teilen – auslaufend und überleitend in die äußerst schüttere geologische Verbindungslinie Kvitöya und Victoria-Insel (1898 entdeckt) – nähert sich Svalbard den Konturen des Nachbararchipels an.

Über die Landschaft jedenfalls, der wir endlich am nächsten Morgen um neun Uhr entgegenzufahren beginnen – wir schreiben Sonntag, den 11. August 1991 –, über diese Landschaft hat kein anderer als Julius Payer den entscheidenden Satz gesagt, der keinen im unklaren läßt, der sie zu berühren versucht: »Nur das Franz-Josef-Land zeigt den vollen Ernst der hocharktischen Natur.«

Gewiß, wir werden dieser Natur nicht annähernd so ausgeliefert sein wie Payer, Weyprecht, Nansen, Jackson und ihre Gefährten. Aber der Maßstab, der sich hinter Payers Satz verbirgt – begründet in seinem Vergleichen-Können mit Grönland- und Spitzbergen-Erfahrungen –, er zwingt uns in eine Genauigkeit des Beobachtens und Erspürens, die uns radikal mit einbezieht in das alle Sinne umfassende Berührungs-Geschehen. Wir können sie nicht lediglich instrumentell einsetzen, sondern erfahren sie in ihrer existentiellen Gründlichkeit.

Es gibt jedenfalls auch heute noch keinen Anlaß, leichtsinnig die Küsten des Traums, der Ziel wird, zu betreten. Es gibt vielmehr allen Grund, in »sympathischer Wechselbeziehung« den magischen Kreis zu durchschreiten, der sich in weiten Teilen als *reine* Natur zeigt, die über jene Distanz der Würde verfügt, aus der sich eine Würde der Distanz ergibt, die den so Zurück-Gehaltenen in eine Demuts-Figur geleitet, deren Wesen *seinsversöhnende* Nähe ist.

Aber noch liegen knapp 800 Seemeilen zwischen unserem Forschungsschiff, das nun den mit abgewrackten und schußbereiten Kriegsschiffen vollgestopften Kolafjord in Richtung Norden verläßt: unter einer Sonne, die während der gesamten Reise nicht mehr untergehen wird und dafür sorgt, daß die Lufttemperatur zwischen den felsigen Ufern des Fjords immerhin auf dreizehn Grad ansteigt.

Einen Tag später, in den bleigrauen Weiten des von riesigen Nebelfeldern bedeckten Meeres, das Barents-See heißt, weisen die Thermometer noch etwas über sechs Grad aus, um wenige Stunden weiter nördlich langsam, aber sicher auf vier Grad zu fallen.

Fortan bleibt die Temperatur darunter, und an einem der folgenden Tage geraten wir gar in Minusbereiche, was zwar nicht dramatisch ist, aber gerade deshalb leicht unterschätzt werden kann. Denn wir fahren durch nichts anderes als durch einen endlosen Kühl-Raum, der seine in ebenso endlosen Zeit-Spannen gespeicherte Kälte unentwegt von allen Seiten und Ebenen abstrahlt.

Die Sonne aber, die ihre Kraft vierundzwanzig Stunden am Tag verströmt, richtet dagegen nur in wenigen Winkeln und Nischen etwas aus und auf. Ihre Hauptleistung im arktischen Sommer besteht darin, daß die Packeisgrenze im wesentlichen hinter den 80. Breitengrad zurückgeht: Wir passieren nichts anderes als ein kompromißloses Grenzgebiet der Elemente.

VII

In der Nacht vom 13. zum 14. August 1991 schließlich kündet sich an, was wir fortan »*unseren* 30. August« nennen werden – in Bezug auf jenen Tag vor 118 Jahren, an dem die Mitglieder der Expedition von Payer und Weyprecht erstmals – wie in einer Phantasmagorie – Teile des später Franz-Josef-Land genannten Archipels zu Gesicht bekamen:

»Es war um die Mittagszeit, da wir über die Bordwand gelehnt, in die flüchtigen Nebel starrten, durch welche dann und wann Sonnenlicht brach, als eine vorüberziehende Dunstwand plötzlich rauhe Felszüge in Nordwest enthüllte, die sich binnen wenigen Minuten zu dem Anblick eines strahlenden Alpenlandes entwickelten! Im ersten Moment standen wir alle gebannt und voll Unglauben da; dann brachen wir, hingerissen von der unverscheuchbaren Wahrhaftigkeit unseres Glücks, in den stürmischen Jubelruf aus:

›Land, Land, endlich Land!‹ Keine Kranken gab es mehr am Schiffe; im Nu hatte sich die Nachricht der Entdeckung verbreitet. Alles war auf Deck geeilt, um sich mit eigenen Augen Gewißheit darüber zu verschaffen, daß wir ein unentreißbares Resultat unserer Expedition vor uns hatten. Zwar nicht durch unser eigenes Hinzuthun, sondern nur durch die glückliche Lage unserer Scholle, und wie im Traum hatten wir es gewonnen; immerhin aber schien die Möglichkeit gegeben, daß es uns gegönnt sein werde, Größe und Beschaffenheit dieses wie durch einen Zauber aus der Eiswüste emportauchenden Landes durch eigene Anstrengung kennen zu lernen.«

Zweiundzwanzig Jahre später, am 24. Juli 1895, ruft ein anderer Mensch angesichts des Archipels: »Land, Land!«, um dann in einem langen Reisebericht das poetische Innenleben dieses prosaischen Ausrufs festzuhalten:

»Wie lange hat es in unseren Träumen gespukt, dieses Land, und nun kommt es wie eine Vision, wie ein Feenland! Schneeweiß wölbt es sich über dem Horizont wie ferne Wolken, von denen man fürchtet, daß sie im nächsten Augenblick verschwinden könnten. Das Wunderbarste aber ist, daß wir das Land während der ganzen Zeit gesehen haben, ohne es zu wissen. Ich habe es vom ⟨Sehnsuchtslager⟩ aus mehreremal studiert, in dem Glauben, daß es Gletscher seien, bin aber stets zu dem Schlusse gekommen, daß es nur Wolken sind, weil ich niemals einen dunklen Punkt entdecken konnte. Außerdem schien es seine Form zu wechseln, was meiner Meinung nach dem Nebel zugeschrieben werden muß, der stets darüber lagerte; es kam aber mit seiner merkwürdig regelmäßigen Wölbung immer an derselben Stelle wieder ... Als ich gestern Vormittag einmal eine Strecke vorauf war, bestieg Johansen einen Hügel, um über das Eis Ausschau zu halten. Er bemerkte einen seltsamen schwarzen Streifen über dem Horizont, hielt ihn aber, wie er sagte, für eine Wolke, und ich dachte nicht weiter daran. Als ich aber eine Weile später ebenfalls einen Hügel erstieg, um das Eis zu überschauen, bemerkte ich denselben schwarzen Streifen; er lief vom Horizont schräg hinauf in etwas, das ich für eine weiße Wolkenbank hielt. Je länger ich die Bank und den Streifen ansah, desto verdächtiger kamen sie mir vor, bis ich mich veranlaßt fand, das Fernrohr zu holen. Kaum hatte ich dasselbe auf den schwarzen Streifen gerichtet, als mir plötzlich einfiel, daß das Land sein müsse, das nicht einmal weit entfernt sein könne. Es war ein großer Gletscher, aus welchem schwarze Felsen emporragten. Nicht lange nachher überzeugte sich auch Johansen mit dem Glase, daß wir wirklich Land vor uns hätten. Eine ausgelassene Freude erfüllte uns beide. Dann sah ich eine ähnliche gewölbte weiße Linie ein wenig weiter östlich. Dieselbe war jedoch zum größten Theile mit weißem Nebel bedeckt, in welchem sie nur schwach zu unterscheiden war, und wechselte beständig die Form. Bald darauf jedoch kam sie vollständig heraus; sie war beträchtlich größer und höher als die erste, jedoch war kein schwarzer Flecken darauf zu sehen. So also sah das Land aus, zu dem wir jetzt gekommen waren!«

Autor dieses Berichts, in dem sich die zitierte Sequenz findet, ist der norwegische Polarforscher Fridtjof Nansen, der zu diesem Zeitpunkt einen fast zweijährigen Aufenthalt im Eis des Nordpolarmeers hinter sich hat. Zusammen mit seinem Gefährten Johansen hatte er knapp vier Monate zuvor sein Schiff, die »Frahm«, das seit September 1894 nordwestlich der Neusibirischen Inseln in der Polardrift festsitzt, verlassen, um – ein Boot im Schlepptau – den Pol zu erreichen, was nicht gelingt. Kurz über dem 86. Breitengrad brechen die beiden Forscher ihren Vorstoß ab und bewegen sich von nun an in südwestlicher Richtung, um Spitzbergen zu erreichen.

Aber dazwischen liegt das erst vor einem knappen Vierteljahrhundert entdeckte und kaum erforschte Franz-Josef-Land, das nun von Nansen und Johansen sozusagen aus nördlicher Richtung noch einmal entdeckt wird: Am 24. Juli 1895 erblicken sie es zwar; doch erst am 6. August kommen sie dem nordöstlichen Teil, der Eva-Insel, nahe. Ein Name, den Nansen ihr zu Ehren seiner Frau gibt, um schließlich die ganze Gruppe von menschenleeren und menschenfernen Eilanden »Weißes Land« zu taufen.

Mit fast traumwandlerischer Sicherheit, die gewiß nicht in Widerspruch steht zu der von Nansen immer wieder bekundeten Unsicherheit, die rettende Richtung in Auge und Sinn zu behalten, stoßen die beiden Gefährten zunächst nach Westen, dann nach Südwesten vor und berühren so – Stück für Stück und von August 1895 bis Mai 1896 im Winterquartier auf der Fredrick-Jackson-Insel verharrend – die Westseite der vielgliedrigen Inselkette zwischen Austria-Sund und Britischem Kanal, wie die beiden vertikalen geologischen Furchen zwischen den Landsegmenten und Bruchstücken des Archipels später genannt werden, um endlich am 17. Juni 1896 Kap Flora auf Northbrook, den südwestlichsten Punkt Franz-Josef-Lands, zu erreichen. Dort treffen sie, zu ihrer größten Überraschung und Freude, auf Menschen: auf das Winterquartier des britischen Polarforschers Jackson und seiner Mitarbeiter aus verschiedenen Staaten Europas.

Am 7. August verlassen Nansen und Johansen an Bord der »Windward«, dem englischen Versorgungsschiff der Expedition, Jackson, Kap Flora und damit Franz-Josef-Land: Fünfundneunzig Jahre später ist uns das Glück beschieden, diesen Raum aus umgekehrter Richtung erstmals zu berühren ...

VIII

Schon am 13. August 1991, gegen 22 Uhr, hatten wir den 79. Breitengrad überquert, waren die dauernden Nebelfelder auf einmal verschwunden. Eine letzte Verhüllung hatte sich urplötzlich aufgelöst und zurückgezogen: Weit-Sicht herrschte.

Aber der Raum, der sich uns so öffnete, verfügte noch über genügend Zeit-Tiefe, die den unruhigen Blick zwang, sich zu sensibilisieren: Jeder schneeweiße, türkisene oder dunkel eingefärbte Eis-Solitär, der sich am Horizont zeigte (und schon zuvor auf dem Radarschirm Licht-Gestalt angenommen hatte – eine auf den Kopf gestellte An-Deutung sich über das Muster der Friktion ausbreitender harmonischer Ordnungs-Zusammenhänge und symmetrischer Beziehungs-Strukturen –), erinnerte uns an den *eigentlichen* Kern unseres Ziels: wir selbst.

Es waren Metaphern gemeinsamer Ver-Einsamung, entstanden aus der Kraft eines in der wirklichen Tiefe unaufbrechbaren Grundes, der gebar und verstieß – Stück für Stück, aus demselben Stoff, in unwiederholbarer Eigen-Art, auf dem Weg aus dem Nichts in das Nichts.

Eine endlose Prozession vergehender Gestalten. Und darüber die entscheidende Bedingung: das Licht der Sonne. Aber dann – im zeitbrechenden Raum dieser Klarheit, Weite und lichtgehärteten See: Franz-Josef-Land.

Wir schreiben den 14. August 1991. Es ist ein Uhr früh: Mit jeder zusätzlichen Annäherungs-Welle erweitert sich das Fragment zum Panorama. Es beginnt im Nordwesten mit der erstarrten Brandungslinie des Eises, dem Eisblink, und setzt sich fort mit schwarzen Kaps und dunklen Plateaus des Prinz-Georg-Landes, die ihre Mächtigkeit ein wenig einbüßen durch die gewaltigen Gletscherverbindungen zwischen ihnen: eine Art Kette aus weißem Gold, darin eingelassen eine Fülle unterschiedlich prächtiger Onyxsteine.

Die Felsen von Bell, Mabel, Bruce und Northbrook schließlich führen den Blick über eine imaginäre Mitte nach Osten. Sie alle tragen im unteren Drittel ihrer dunklen Massive hellgraue Wolkenbänder, die die mit dunkelstem Grund verbundenen Stein-Gestalten über das Wasser heben und so – für einen Augen-Blick jedenfalls – alles zum Schweben bringen.

Kein Zweifel, dies war ein anderer Planet, und ihn wollten wir nun betreten: nicht eroberungssüchtig, sehnsüchtig schon. In Erwartung jener traumhaften Berührung, von der wir ahnten, daß sie zum zurückverweisenden Spiegel einer unbezweifelbaren An-Wesenheit unserer Sehnsucht vor Ort werden würde.

IX

Gegen vier Uhr früh fuhr uns das Boot, von umsichtigen russischen Bootsleuten geführt, in schnellem Tempo an den Eissaum der Küste von Bell. Die kleine Insel liegt im Fadenkreuz von 80° nördlicher Breite und 49° östlicher Länge; ein Splitter im über sechzig Eilande zählenden Archipel, der an den Rändern in östlicher und westlicher Richtung allerdings ganz andere Formate aufzuweisen hat, wenngleich auch die großen und größten Inseln Franz-Josef-Lands spielerisch klein aussehen im Verhältnis zu den horizontal und vertikal gewaltigen Flächen Spitzbergens. Doch was besagt das wirklich?

Handnah über dem – was *uns* meint – tödlich kalten Wasser des Eismeers, verändern sich Perspektive und Blick radikal. Was von der Brücke der »Professor Molchanov« aus wie ein sanfter Geröll-Saum mit Reifrand erschien, erwies sich, im Augen-Blick der Berührung, als ein dermaßen ausgedehntes Terrassen-Profil aus Eiskante und Gesteinstrümmerflächen – entstanden durch Gletschertod, Landauftrieb und Erosion –, daß unsere Körper sich wie Ameisen auf den Treppen einer gewaltigen Kathedrale bewegten. Zugleich jedoch hatten wir tatsächlich das Gefühl zu *schweben*, obwohl Kleidung, Schuhe, Ausrüstung ständig zu Boden zogen.

Dieses Schwebe-Gefühl nährte sich nur aus der Euphorie der Stunde; auch Erinnerungen an jene weltbekannten Mondlandungs-Bilder vom frühen Morgen des 21. Juli 1969, die zwei grotesk verpackte Menschen zeigen – die amerikanischen Astronauten Armstrong und Aldrin – steigen auf. Wie sie Freudensprünge machten: auf einem Boden aus fahlem Staub und kalten Gesteinstrümmern. Wenngleich *dieses* Schweben über den Dingen nicht nur Sinnen-Rausch, sondern vor allem günstige physikalische Bedingungen zur Voraussetzung hatte.

Aber was bei uns, auch bei uns, so leichtfüßig begann, endete sehr bald und mit schwerem Atem. Denn vom Schiff her ertönten, keine halbe Stunde nach der Landung auf Bell, Hornsignale, und gleich darauf stiegen Leuchtkugeln in den glasklaren arktischen Himmel, die von den russischen Bootsleuten – sie hatten sich in einem weit auseinandergezogenen Kordon um uns herum postiert – erwidert wurden: Gefahr! hieß das.

Und: Abbruch der ersten Exkursion, unverzüglicher Rückmarsch zum Boot am Eisrand der Insel, Abfahrt zum Schiff.

Was war geschehen?

Während wir ahnungslos letzte Photographien auf den Stufen zu Bells arktischem Illusions-Theater mit seiner perfekten Vulkan-Kulisse aus dem am Ostrand der Insel liegenden Rest-Kap und einer darüber gelagerten, vom speziellen Wärme-Milieu des Kap-Plateaus stimulierten und zugleich gebannten (Rauch-)Wolke machten, rundgeschliffene Steine mit schwarzen, weißen, gelben oder rostroten Krustenflechten verstauten, buttergelben Polarmohn bewunderten oder die ausgeblichenen Holzwände einer mit glasigem Eis fast ausgefüllten Hütte längst gegangener Forscher und Jäger in Augenschein nahmen, einen offenbar besiegten künstlichen Überlebens-Raum – noch während wir all dies taten, befanden wir uns – einer von unserem Willen vollkommen unabhängigen Logik ausgeliefert – schon auf dem Rückzug.

Das war geschehen.

Die russischen Bootsleute jedenfalls machten derartig ernste Gesichter, daß keiner von uns aufkommende Gedanken an einen Scherz oder eine Übung lange am Leben ließ, denn sehr schnell wurde klar und über Sprechfunk erhärtet: Ein Tier kam uns entgegen, unberechenbar und neugierig zugleich – ein Eisbär, den wir – auch wegen des unübersichtlichen Gelände-Profils – natürlich nicht erblickt hatten.

Von der Brücke der »Professor Molchanov« aus aber war er entdeckt worden: Wie er sich in den dunklen Klippen herumtrieb, ein gelblich-weißes Natur-Wesen, das im vertrauten Spiel-Raum urplötzlich die Richtung änderte und, von keiner Barriere gehindert oder Fremdem erschreckt, direkt auf uns zu kam.

Da unsere Begleiter keine Gewehre trugen, sondern nur mit Signalpistolen ausgerüstet waren, gab es zum schnellen Rückzug keine Alternative.

Weil wir die Gefahr nicht sahen, doch um sie wußten und deshalb liefen – stolpernd, unsicher, desorientiert und ungläubig zugleich –, kamen wir uns für einen Moment irgendwie lächerlich vor, und alter Herrschaftswille stieg in uns auf. Doch dieser wich im Laufe der kurzen Fahrt mit dem altmodischen Holz-Motorboot durch die mit eisigen Moore-Skulpturen ausgefüllte Südwestbucht von Bell jenem Gedanken von der Würde der Distanz, der uns fortan nicht mehr verließ.

Es war dabei kein als Beeinträchtigung empfundener Gedanke; es war vielmehr der klare Hinweis darauf, daß uns nicht alles gehört. Und das dies *Sinn* macht.

Es liegt dabei nahe, solche Erkenntnis nur als eine aus der Not geborene Tugend zu werten; aber diese notwendige Tugend nimmt der Berührungs-Idee das rein Theoretische, unterwirft die gute Absicht einer unmittelbaren Prüfung: Wollen wir das, was wir vorgeben zu wollen, wirklich im Sinne einer heilsamen Wirkung, als Verhaltens-Tendenz im *anhaltenden* Sinne des Wortes? Oder haben wir uns nur eine moralisch höher legitimierte Ideologie des Reisens geschaffen?

Es ist keine Koketterie im Spiel, sich dieser Frage zu stellen; denn auch wir sind zunächst geprägt von den banalen Ausflüssen und zerstörerischen Platitüden einer hochgestimmten mentalen Eroberungslust, die die Natur angreift, um sie zu beherrschen, zu besitzen, abzuhaken – was bis zu einem gewissen Grade, der ein Grad des Gewissens werden muß, zwar überlebensnotwendig für uns ist, aber – bei permanenter und irreversibler Überschreitung dieses Grades – in den Sinnen-Tod führt, der das Wesen des Menschen in der Tiefe irreparabel beschädigt.

Wir nahmen sie jedenfalls in ihrer ganzen Frag-*Würdigkeit* an, diese Situation, die sich mit ein, zwei Gewehren im Anschlag »natürlich« ganz anders gestaltet hätte.

Kurz nach fünf Uhr waren wir wieder an Bord.

Der Wind wehte mit einer Geschwindigkeit von 5,3 Meilen pro Sekunde, die Lufttemperatur lag bei 2,1 Grad Celsius, auch das Wasser hielt zwei Grad Wärme – falls man das so nennen kann –, und unser Schiff nahm Kurs nach Norden.

Wir wollen den Nachtigall-Sund passieren und von dort in den Britischen Kanal vorstoßen, die westliche meridionale Furche des Archipels und Pendant zum östlichen Austria-Sund. Beide Wege erlauben, je nach Eislage, das Durchfahren des Franz-Josef-Lands in Nord-Süd-Richtung und umgekehrt.

X

Nach sechsstündigem Schlaf in der abgedunkelten Kabine stehen wir gegen Mittag erneut an der Reling: Ein Zauber-Kreis umgibt uns. Seine Segmente gleiten an uns vorüber: Bell, Mabel, Bruce und Northbrook, Prinz-Georg-Land. Wir durchschneiden ihn, ohne ihn zu verletzen.

Der Wind ist stärker geworden, das Schiff langsamer. Die blaugraue Wolkendecke reißt auf: Sonnendurchbrüche und mit ihnen ein schier unbegrenztes Durchschauen des Raumes, das uns von nun an nicht mehr blind sein läßt. Die Augen saugen sich durch lichtvertiefte Eis- und Felspassagen. Gletscher reflektieren dieses Licht noch intensiver, wenn ringsherum Wolkenbänke liegen, die es filtern, bündeln, lenken und schärfen.

Wir gleiten durch die *verlangsamte Zeit,* und niemals zuvor ist uns der sinnliche Sinn der Schöpfungs-Geschichte, wie wir sie im Alten Testament finden, offenbarer geworden als hier: »Am Anfang schuf Gott Himmel und Erde. Und die Erde war wüst und leer, und es war finster auf der Tiefe; und der Geist Gottes schwebte auf dem Wasser.« Exegeten übersetzen das Verbum noch präziser mit »vibrieren«, »zittern«, »weben«, was das »Chaosmeer« erfülle.

Diese eisknisternde Spannung – ein elementares Ur-Geräusch –, diese Licht- und Gesteinsbrüche über den Wassern des Anfangs – dies alles war sicht- und hörbar zu *ahnen* beim Durchgleiten der Sunde und Kanäle zwischen den großen und kleinen Inseln des Archipels. Nichts weniger jedenfalls, und keine Zahl, keine naturwissenschaftliche Formel oder Analyse konnte *dem Ganzen* etwas nehmen.

Im Gegenteil: Aus der Formel wurde die Form, und aus der Form die Gestalt. Das Sein selbst gewann Kontur um Kontur, und unser österreichischer Freund, der Glaziologe, entwickelte angesichts dessen, was wir ununterbrochen kommen und gehen sahen, was auftauchte und wieder verschwand, aus der vibrierenden Verdopplung des Wasser-und-Himmels-Grundes und den konvexen Bögen dazwischen eine Art Philosophie der Gletscherkappen, die er nun – wie wir alle – zum ersten Mal mit *eigenen* Augen sah: Das Auftauchen des Form-Vollendeten im chaotischen Prozeß endloser Formung als Parallel-Ereignis. Anders gesagt: Was wir sahen, war die Sinn stiftende Nuance der Grenze im Grenzenlosen.

Aber bald hatten wir eine weitere Linie erreicht: die Eisbarriere auf der Mitte zwischen 80. und 81. Breitengrad. Die Weiterfahrt in Richtung Markham-Sund war versperrt. Das Ziel – die Forschungsstation »Krenkel« auf Hayes im Austria-Sund – von hier aus nicht zu erreichen. Zwar wirkte die Eisbarriere – nur mit bloßem

Auge besehen – geschlossen; im Fernglas löste sich das Phänomen, bedingt durch die Erdkrümmung, in eine skurril perforierte Linie auf; aber dahinter stauten sich – von nordöstlichen Winden getrieben – Treibeisfelder, für die unser Schiff nicht gemacht war. Wir mußten umkehren. Auch gelang uns kein Anlanden auf Hooker, obwohl wir der berühmten »Stillen Bucht« sehr nahe waren.

Am 27. Juli 1931 machte Dr. Hugo Eckener, der deutsche Luftfahrtpionier, mit seinem Zeppelin hier Station, und einer der Forschungsreisenden, zu denen auch der russische Wissenschaftler und Erfinder Pawel A. Moltschanow gehörte, notierte angesichts der Landschaft unter dem Luftschiff, was wir 61 Jahre später, während unserer zweiten Reise nach Franz-Josef-Land, an dieser Stelle ebenfalls wahrnehmen sollten: »Wenig Eis bei Einfahrt zur Hookerinsel. In den Wasserarmen und Buchten liegen goldene Farben, Felsen und Eis nehmen sie für Augenblicke auf, um im nächsten Augenblick wieder bleich und farblos zu verglühen. Lichte Himmelsbänder stehen im Westen über der Einöde.«

Am 18. August 1992 schrieb ich in mein Tagebuch: »Die ›Stille Bucht‹ ist, wenn es um offenbare Schönheit geht, der bisherige Höhepunkt unserer Reise. Sowohl die Gesamtanlage als auch die Details – alles zeigt sich nur prächtig. Die Sonne hilft nach, gewiß. Aber sie trifft auf objektive Voraussetzungen – sie kann nur verschönern, was ohnehin schön oder gewaltig oder bizarr oder farbenprächtig oder alles zusammen ist ... Aber dann die engere Bucht mit ihren Gletscherkanten, denen die Sonne mit ihrem fast gewaltvollen Licht immer neue Farben und Profile abringt. Sie zwingt der eisigen Schönheit ringsum geradezu klassische Lieblichkeit auf, und wir ahnen zu diesem Zeitpunkt noch nicht einmal, daß das Ganze steigerungsfähig ist.«

Doch das ist an dieser Stelle ein Vorgriff auf die zweite Begegnung mit Franz-Josef-Land, die im August 1992 stattfand, und dieses Buch[*] wird gedruckt, während wir uns ein drittes Mal in die skizzierten Buchten und Sunde, Felsen- und Eislabyrinthe begeben – in den grandiosen Zauber-Kreis nördlich des 80. Breitengrades, zwei Tagesreisen hinter Svalbard, zu dem unvermutet mediterrane Spiegelungen ebenso gehören wie Hades-Entwürfe, in denen Szenen des 34. Gesanges aus Dantes »Göttlicher Komödie« spielen könnten, wo erstarrte Gestalten aus Eisflächen ragen und Schatten wie Glassplitter den abgründigen Raum ausfüllen.

---

[*] Jürgen Ritter und Ulrich Schacht: *Von Spitzbergen nach Franz-Josef-Land. Am kalten Rand der Erde,* Dortmund 1993.

XI

Unsere erste Reise nach Franz-Josef-Land führte uns schließlich am 15. August 1991 auch vor den breiten Strand und die niedrige Küste der Wilczek-Insel im Südosten des Archipels.

Ganz in der Nähe, vor der winzigen Lütke-Insel, hatte einst die »Admiral Tegethoff« in der Eisdrift verharren müssen und mit ihr Payer, Weyprecht und Gefährten, die bis zu jenem legendären 30. August 1873 das schrittnahe Land vor lauter Nebel und Wolken nicht sahen, weil es sich zudem – bis auf wenige Kaps und Küsten – unter weißen Eiskappen verbarg: Gletscher, die sehr oft, wie wir selber erleben konnten, ununterscheidbar in Himmelsgrau übergingen und umgekehrt.

Auf Wilczek liegt das Grab von Otto Krisch, des einzigen Toten der österreichisch-ungarischen Nordpolarexpedition, und das Kreuz darüber ragt nun seit fast 120 Jahren in den arktischen Himmel, der zwischen Oktober und Februar ein vollkommen sonnenlichtloser ist. Payer nennt den Platz in seinem Bericht einen Ort »unentweihbarer Einsamkeit«, und der Stich in seinem Buch, der den Begräbnis-Akt festhält, zeigt zugleich, da der Maschinist Krisch am 16. März 1874 starb, ein wüstes, bis ans Plateau hinauf zugeschneites und vereistes Inselgelände.

Wir sahen es an einem fast lieblichen Sommertag, der die rostroten Kaps in ihrer sanften Plastizität vorstellte, einen Strand mit schwarzen Kieseln und Eisfragmenten zum Glitzern und Funkeln brachte und uns faustgroße Steine finden ließ, die von exakt jenen Frost-Mustern gezeichnet waren, die auch ganze Hänge, Kaps und Plateaus überzogen hatten.

Ein sich wiederholendes Friktions-Bild, das noch im Zerfalls-Prozeß Formen hervorbringt, die mit der Schönheit kristalliner Symmetrien korrespondieren, auch wenn der Stoff der steinernen Netze auf seiner absoluten Dunkelheit besteht.

Auf Wilczek fanden wir Zeit, die Dinge des Landes wirklich zu berühren, uns wirklich berühren zu lassen von den Dingen des Landes, das wir bislang überwiegend mit den Augen ertastet hatten. Nun fühlten wir Gräser, Quarze, Gestein, Blumen, Holz, Schnee und die Reste menschlicher Behausungen.

Wir hörten Schmelzbäche rauschen, Vogelgeschrei und die Stimme des Windes, wenn er über die Plateaus des Archipels fegt. Im Alteis des vergangenen Winters entdecken wir den Kadaver eines jungen Eisbären, am Brutplatz mächtiger Möwen Knochenstücke von Wirbeltieren.

Aus den unvertrauten Bildern wurden in wenigen Stunden vertraute Metaphern, und irgendwann lagen wir in unserer schweren Polarkleidung wie entspannte Sonnenhungrige am schwarzen Strand von Wilczek und hörten, dem Sein ergeben, das in Ur-Tiefen geborene Geräusch des arktischen Ozeans.

Könnte man hier leben? fragten wir uns, obwohl wir doch gleichzeitig wußten, daß ein einziger Blick nach rechts oder links über die Inselgrenzen hinaus Antwort gab, die jede Wiederholung der Frage eigentlich verbot. Doch wir fragten uns wieder und wieder, spielten Modelle durch, Konstellationen.

Die was bewiesen? Unsere Flucht-Bereitschaft oder Seins-Sehnsucht?

Wenn nicht alles täuscht, geht es um das Ernstnehmen dieser Sehnsucht, die dem Scheinbaren unseres Lebens *grundsätzlich* widerspricht, ohne es grundsätzlich aufheben zu können. Martin Heidegger hat in einem Brief an Karl Jaspers aus dem Jahr 1949 die Richtung solchen Nach-Denkens in eine Art Seins-Treue zugespitzt: »Man soll nicht über Einsamkeit reden. Aber sie bleibt die einzige Ortschaft, an der Denkende und Dichtende nach menschlichem Vermögen dem Sein beistehen.«

Aber um keiner Legende Vorschub zu leisten: Schon zwei Tage nach diesen ambivalenten Stunden auf Wilczek, die das Grabkreuz von Krisch aus verschiedenen Perspektiven sahen und interpretierten –, nach dem vergeblichen Versuch, eine weitere Eisbarriere zu durchbrechen, diesmal im Austria-Sund, um die Forschungsstation »Krenkel« auf Hayes zu erreichen –, nach dem Eintauchen in den Aberdare-Kanal zwischen

McClintock und Brady, der ersten Vorbeifahrt an der geheimnisvollen Alger-Insel und dem erfolgreichen Durchdringen des östlichen Teils des Markham-Sunds –, nach all dem erreichten wir den *Ort des Menschen* in diesem Zauber-Kreis, und es war ein *Ort der Katastrophe*.

Noch sowjetisch signiert, trug er die Folgen russischer Gleichgültigkeits-Tradition unübersehbar zur Schau: Ein ersichtlich sinnloser Versuch, Sinn zu organisieren – mit der Konsequenz brutal betäubter Sinne: durch Zerfall, Fäulnis, Gift, Schrott, paralysierende Isolation und Vereinsamung in geistiger Hinsicht.

Über das eisgerahmte Menschen-Elend, zur Groteske verstärkt durch die Namen umgebender Inseln wie »Wiener Neustadt«, »Erzherzog Rainer« oder »Kronprinz-Rudolf-Land«, gilt es dennoch nicht zu zürnen oder zu lachen – zu herzlich kam der einzelne dem einzelnen in dieser ansonsten menschenfernen Wüste entgegen. Und auch ein Teil der Gäste hatte ein Stück von jenem Menschen-Elend im Gepäck, das sich selbst durch höheren Wohlstand offenbar nur sehr selten in geistigen Reichtum umschmelzen läßt.

Und so feiert man – die einen, die anderen und alle zusammen – wie daheim: in Rußland, Deutschland, Holland, Österreich. Es wird gegessen, getrunken, gesungen, gelacht, geschossen, geflucht und geprügelt.

Ein Kettenfahrzeug rasselt und rast mit skeptischen Gästen im Innern und johlenden Stationsbewohnern auf dem einbrechenden Dach über zerfurchte und verschlammte Pisten zwischen dem Ort der Feier, einer bizarr-bezaubernden Gletscherbucht, und der Siedlung im ewigen Eis, die wie eine Wagenburg über dem Gelände thront. Der große Rest der Gesellschaft bleibt mit einem museumsreifen LKW im Schlamm der Piste stecken und wird von trunkenen Experten immer tiefer in den Dreck getrieben.

Es sind gewiß unschuldige Menschen, die in diesem Moment das Bild bestimmen, in dem auch wir ein Stück weit zu sehen sind; aber es ist zugleich das Bild des schuldigen Menschen, der nicht wissen will, daß er weiß, was er tut.

Als wir Hayes um drei Uhr morgens verlassen, herrscht wieder die große Stille der Tage zuvor. Klar fällt das Licht auf den Insel-Kreis um die Station, und in fast vollkommener Verdoppelung liegt unnahbar majestätisch »Wiener Neustadt« vor uns. Das Thermometer zeigt ein Grad Celsius an.

Später durchbricht das Schiff die geschlossene Eisdecke. Es gibt Geräusche, als fahre in unserer Nähe ein uralter Zug auf noch älteren Schienen. Gegen 10 Uhr 30 verlieren wir mit den dunklen Basaltkanten von McClintock unaufhaltsam den Archipel aus den Augen.

Franz-Josef-Land liegt nun hinter uns, versunken im Reich wachsender Entfernung; vor uns aber breitet sich erneut das Reich der Barents-See aus, deren dunkle Wasser schon bald wieder unter dichten Nebeln verschwinden.

Knapp 24 Stunden Stille folgen, Blicke über die endlose See, die hin und wieder blitzartig die Rückenflossen von Walen freigibt oder springende Fischschwärme, nach Süden ziehende Vogelvölker. Versuche, dem Gesehenen und Berührten zu glauben, daß es existiert.

Versuche, in der unaufhaltsamen Ab-Kehr die Rückkehr zu denken: jenen Ziel-Schmerz zu bewahren, der den beglückenden Kern unseres Träumens umgibt.

XII

In diese Stille bricht der Morgen des 19. August mit der Nachricht vom Umsturz in Moskau. Über den Bordlautsprecher ertönt in unregelmäßigen Abständen die tödliche Legitimationslitanei der Putschisten. Die »Professor Molchanov« aber behält Kurs auf Murmansk.

Franz-Josef-Land ist nun in einem anderen Meer versunken, und in dieser Stunde ist nicht absehbar, ob es nicht erneut für eine lange Zeit darin versunken bleiben wird.

Nidden oder Das süße Salz der Poesie

Notizen und Reflexionen auf der Kurischen Nehrung

I

Stille. Nichts als Stille: darin ein Wind, der über mein Gesicht geht wie die Hand eines selbstvergessenen Wesens. Ein Ton von sanft anschlagendem Wasser dringt an mein Ohr, er steigt aus einem mächtigen Brunnen, dessen Tiefe nichts Dunkles verbirgt: keine Drohung, kein Drama, keine Tragödie: Der Grund der Welt ist weiß, das blaue Gewölbe darüber wahr. Zwischen den Farben der Mensch, der ich bin; was ich sehe, noch hinter geschlossenen Augen: ein Weiß, auf dem mein Körper liegt, ein Blau, das ihn bedeckt. Die Stille beginnt zu reden, sie spricht vom Ort, an dem sie ausharrt wie ich: »O Land, das ich geliebt wie anders nichts! / Wortkarger, ungelenker Männer Heimat / und stiller, herzverschloss'ner Frauen. Land / schmucklos und roh und kalt, dem Finger Gottes / noch nahe: Sand, darüber bricht der Wind /

aufschreiend in sich selber nieder oft, / und Schweigen steht da frierendnah umher. / Und Wolken überm Dünenrand. Die wehen.«

Der Versuch, die Dinge zu bewahren, die wir verloren haben, wird an Orten gemacht, die jenen Verlust nicht nur einfach ins Bewußtsein heben, sondern ihn ins Unwiderlegbare beweisen. Solcher Beweis setzt einen Schmerz frei, dem wir nicht mehr entkommen können und deshalb antworten müssen: Der ostpreußische Dichter Johannes Bobrowski, geboren 1917 in Tilsit an der Memel, gestorben 1965 in Berlin an der Spree, schrieb das Gedicht »Die Kurische Nehrung«, in dem die zitierten Verse die Schlußstrophe bilden, im Juli 1945, als Kriegsgefangener der Roten Armee, im Lager Novoschachtinsk nahe Rostow am Don. Im Süden, fast vor der Tür, liegt das Asowsche Meer; bis zum Kaukasus sind es kaum 300 Kilometer. Aber über 2000 vom Lager nach Tilsit und nach Deutschland. Luftlinie. Die Rückkehr Bobrowskis dauerte ein halbes Jahrzehnt; sie führte nie mehr nach Tilsit, nie mehr auf Nehrungsgrund. Erst am 24. Dezember 1949 steht der Überlebende des Kurland-Kessels wieder auf deutschem Boden, in Berlin, im Kopf Gedichte wie »Die Kurische Nehrung«, die sich später finden, im Nachlaß des Berühmten, unter dem Sammelbegriff »Heimatlieder«. Im Lager zuerst in einer Wandzeitung zu lesen, wurden die Gedichte danach auf glatt gehobelte kleine

Holzbretter geschrieben. Schließlich lernte Bobrowski sie auswendig; nach seiner Entlassung rekonstruierte er Vers um Vers aus dem Gedächtnis. In seinem »Bericht über die ersten Jahre der Gefangenschaft« sieht er das so Gerettete dennoch kritisch und spricht in der dritten Person über sich, den Dichter von damals: »im Grunde waren es noch die traumhaften Gebilde seiner Schuljahre ..., deren reale Gestalt ihm als eine entsetzlich geschmacklose Hochstapelei erschienen war ...«

Es ist das originäre Recht des Dichters, die Differenz zwischen dem Gelungenen und dem Griff danach schärfer zu zeichnen als jeder andere: So nur verteidigt er seine Begabung, die ihm eine Art genetischer Pflicht ist. Nur so überschreitet er Grenzen, die andere nicht einmal erahnen. Aber dem fällt nicht zum Opfer, was als *Spur* zum Gelungenen bleibt: » ... Land / schmucklos und roh und kalt, dem Finger Gottes / noch nahe ...«

Was Bobrowski gelten ließ, in Gestalt eines Gedichts wie »Die Frauen der Nehrungsfischer«, das 1955 entstand, bewahrte jene Spur wie Intarsien in vollendet bearbeiteter Oberfläche oder Grundmuster einer darüber gewebten Textur:

»Wo das Haff / um den Strand lag / dunkel, unter der Nacht noch, / standen sie auf im klirrenden / Hafer. Draußen die Boote / sahen sie, weit. // Wenn sie kamen – die Alten / wachten am Ruder, die Söhne, /

wirr vor Schlaf, in den Armen / des Netzzugs
Last –, / ging durch den Himmel ein heller / Streif
und hing um die Dächer. / Droben / wenige Rufe /
trieben im Wind. // Und gering war der Fang. /
Vor Zeiten, sagt man, umglänzte / hundertschwär-
mig der Hering / draußen die Meerbucht, silbern /
schwand er. Die Närrin / schreit es am Waldrand
hin, – / altes Lied, Gewitter reißt's aus der Bläue.«

Aber was bewahrt sich in den Bildern eines solchen Gedichts an Beweiskraft wofür? Nehrungsfischerei – das
Überlebenshandwerk ganzer Generationen mit Niddener Namen wie *Bulbis, Detzkeit, Sakuth* oder *Lasdehn,*
das nie Fülle nach sich zog, höchstens nur Not redu-
zierte – ist heute erst recht marginales Tun. Als vermit-
teltes Können vom Vater auf den Sohn so gut wie ausge-
storben. Die legendären Kurenkähne – Motive in den
Bildern der Dichter und Maler von geradezu ikonogra-
phischer Bedeutung –, mit ihren Wimpeln aus buntbe-
maltem Holz am Mast, an denen der Herkunftsort der
Boote genau zu erkennen war, eine Art Vorläufer von
Autokennzeichen, eingeführt, wie sie, um der Sicht-
Kontrolle willen –: nichts als Museumsstücke oder
nachgebaute Touristen-Illusion. Steht man vor ihnen
oder geht an Bord, verwandelt sich, durch den romantischen Blick, die Härte von einst in Süße von heute. Ein
Gedicht, sagt das Bewußtsein, und unterdrückt die entscheidende Frage: Warum versüßt Poesie, selbst wenn

sie das Salz in der Wunde bewahrt? Was das Gedicht Bobrowskis in schönem Klang zur Sprache bringt, ohne beschönigen zu wollen, klingt in der Prosa des historischen Dokuments, einem Bericht des Fischeramtes Rossitten vom 4. März 1777, nur noch entsetzlich eindeutig:

»Der größte Theil der Amts-Einsaaßen bestehet aus elenden und ganzt armen Fischern, die, sobald das Curische Haff vom Eise befreyt ist, ihre Hütten verlaßen und mit der gantzen Familie und Haabseeligkeit sich auf ihre Böthe begeben ... und ihren geringen Fischfang in denen an diesem Haafe belegenen Örtern versilbern.«

II

Gott, und die Zeit: Das Weiß, auf dem ich liege; das Blau, das sich über mir wölbt. Es gibt eine Deutung der Elemente solcher Szenen, die auf physikalische, chemische, auf mathematische Formeln und Lehrsätze hinausläuft, das *poetische* Wissen darin aber belächelt oder bestreitet: »Landschaft des Agnostikers«, sagt Ortega y Gasset einmal dazu, die »keine Hintergründe hat«, nur positivistische »Erfahrung«, »Vordergrund«. Aber damit werde, sagt er weiter, »gegen das elementare Gesetz der Perspektive verstoßen«. Den radikalen

Gegensatz bilde schließlich der Gnostiker, dessen »Ekel vor ›dieser Welt‹ einen solchen Grad« erreicht, »daß der Gnostizismus nicht einmal zugeben« will, »Gott habe sie erschaffen«. Statt dessen sei die Welt lediglich »das Werk eines abgefeimten Wesens, des Widersachers von Gott«. Auch deshalb plädiert der spanische Philosoph dafür, »die Aufmerksamkeit auf eine mittlere Linie zu richten, eben jene Grenzlinie, die sich zwischen dieser und jener Welt erstreckt.« Man könnte das als Mittelmaß-Philosophie eines goldenen Mittelwegs mißverstehen; es ist aber das konsequente Gegenteil: die *radikale* Weisheit nämlich, den einen Blick zu riskieren, der aufs *Ganze* geht und uns erst qualifiziert. Aber wozu?

III

Die Antwort ist der Moment, in dem ich mich befinde. »Befinden« darf als ein altes Wort gelten: Bezeugt ab dem 8. Jahrhundert, komprimiert es bereits in der althochdeutschen Urform *bifindan,* also seit über eintausend Jahren, Prozesse *geistiger* Wahrnehmung von etwas. Ab 1600 mehren sich Fundstücke, die auch einen lokalen Sinn mit einschließen, Anwesenheit an einem konkreten Ort meinen, Zusammenhänge herstellen zwischen dem Kopf des Subjekts, das sich entdeckt und wahrnimmt, und dem objektiven Raum oder Punkt, in oder an dem die Entdeckung geschieht.

Der Sand unter den Füßen kommt ins Spiel, das Pflaster, die Stadt- oder Hausmauer vor Augen, Türme, Meere, Wälder, Gebirge. Kolumbus ist ein Prinzip in uns, vielleicht *das* Überlebensprinzip, mit dem wir verborgene Strände auffinden, um unsere Seele zu bergen, unseren Traum, uns selbst.

7. September 2001: Flugplatz Palanga, Litauische Republik, Klaipeda, Kurische Nehrung, Nidden – die Reihung kommt auf mich zu wie ein Dokumentarfilm, aber ins Surreale geschnitten. Splitter eines Kaleidoskops am Auge Gottes, der immer wieder dreht und mischt und dreht und mischt: Ordensritter, polnische Heere, litauische Großfürsten. Russische, schwedische Uniformen-Intermezzi. Französische Kriegsgefangene im Dünensand oder Verwaltung durch die Alliierten. Freischärler litauischer Couleur. Wehrmacht, Rote Armee. Deutsche Flüchtlingsströme auf gefrorenem Haff. Die Fischer, die Bersteinsucher. »Ännchen von Tharau« und der Dichter Simon Dach, ihr Schöpfer. Touristen in Weiß, das Motiv-Dorado der Pechstein, Corinth, Kirchner, Schmidt-Rottluff. Vom Worpswede des Ostens wird gesprochen. Seebäderglanz und die Furien der großen Kriege. Dazwischen: Thomas Mann, der Nobelpreisträger aus dem fernen München, der aus Lübeck, also auch vom baltischen, dem *weißen* Meer, wie es im Litauischen heißt, stammt. Drei Sommer lang – 1930, '31 und '32 – registriert und

kommentiert er von Nidden aus, das 1923 zu Litauen kam, die blutigen Hakenkreuz-Vorspiele im Reich, das gleich hinter dem Ort beginnt: unbewußte, ahnungsvolle Einübung ins Exil.

Die Trilogie »Joseph und seine Brüder« wird fortgesetzt, am Arbeitstisch im neu erbauten Sommerhaus, weitere schöpferische Perioden hier werden erhofft. Doch der Sommer 1933 sieht Thomas Mann und die Seinen schon im wirklichen Exil.

Das Refugium auf dem Niddener »Schwiegermutterberg« mit seinem »italienischen Blick« fällt später Hermann Göring in die Hände, dem führenden Dieb des Dritten Reiches. Der kommt zwar nie selbst, aber Albert Speer läßt sich blicken. Hat er die zurückgelassene Bibliothek bemerkt?

1945 liegt auch das Niddener Anwesen der Manns in Trümmern, und dann versinkt, für ein halbes Jahrhundert, das Gewesene und Gewußte, das Gewonnene und Verspielte – der Raum Ost-Preußen mit seinen deutsch-polnisch-litauisch-jüdischen Überschneidungen und Potenzierungen – scheinbar für ewig im vollkommen Anderen: nun ein Territorium unter sowjetischer Herrschaft. Ab jetzt wird, wenn es darauf ankommt, russisch buchstabiert, leninistisch definiert und stalinistisch terrorisiert – bis in den ebenso gleichmäßigen wie gleichzeitigen Zerfall aller Vergangenheit und Gegenwart.

Die lange andere Stille hinter dem Ordnungs-Chaos im Kaleidoskop Gottes beginnt. Doch eine Dekade vor dem Ende des Jahrtausends dreht er ein weiteres Mal daran. *Jene* paralysierende Stille zwischen 1945 und 1989 aber hatte Thomas Mann nicht gemeint, als er im Frühjahr 1930 einer Königsberger Zeitung jenen natürlichen, verführerisch ewigen Frieden eines Königsberger Philosophen am eben für sich entdeckten Ort beschrieb: »Nidden ist wunderschön, aber reden wir nicht zu laut davon, damit nicht die Welt es entdecke und sich mit der ihr eigenen lächerlichen Sehnsucht auf seinen Frieden stürze, um ihn zu zerstören.«

IV

Ankunft in einer politischen Landschaft über und unter dem »Sand der Geschichte«. Die Metapher stellt sich hier ganz von selbst ein; sie erklärt zwar nichts, kommentiert aber alles.

Es dürfte sich um den ältesten Kommentar des Menschen handeln, geht es um Menschenwerk. Er ist die sinnlich beglaubigte Antithese zum »Rad der Geschichte«, jenem abstrakten Fortschritts-Bild einer ideologischen Moderne, die Gott oder das unerträglich Unberechenbare vertrieb und dafür einem teleologisch konditionierten Aberglauben huldigt, der zuletzt immer wieder Menschenopfer verlangt – Blut,

das den großen Mechanismus wie Öl geschmeidig hält.
Verströmt auch hier, vergossen, versickert.

Davon ist in der Stunde, die ich auf dem gut sechzig
Meter hohen Scheitel der Hohen Düne weit hinter
Nidden verbringe – ruhend mit dem Körper, wachend
mit den Sinnen – nichts geblieben. Reiner Ort, ist die
Welt jetzt menschenleer. Aber das ist die radikalste Illusion, die das Bewußtsein zeit seiner Existenz haben
kann, und die dennoch wahr im Sinne von wirklich ist
wie der Wind über meinem Gesicht, der mich berührt
und verläßt, zurückkehrt, erneut flieht. Wasser, Wind,
Erde, Licht sind die einzigen gültigen Metaphern: im
Sinne ihres Verweisens auf das Elementare, in dem wir
uns, auftauchend und wieder versinkend, vorfinden als
Teil-*Waise* des Ganzen. In der süddeutsch geprägten
und später von Luther übernommenen Schreibform
mit »ai«, die das elternlose, verlassene Kind meint,
wird die kosmische Dimension der Erfahrung handfest-irdisch, wird zum konkreten Bild in seiner dialektischen Zwei-Poligkeit. Eine Plus-Minus-Spannung,
die uns ein Leben lang beherrscht. Doch das Netz ihrer Linien reicht weit darüber hinaus: Geborgen- und
Verlorenheit in einem schenkend. Das Grundgesetz
der Natur, und wie es sich für uns, das bewußte Wesen,
im Bewußtlosen, dem Nichts, verliert. Nur die Dichter – Wort- wie Ton-Dichter – wissen wirklich davon:
im Sinne von Priestern aller Epochen, Religionen und

Konfessionen. Aber im Gegensatz zum Politischen, das sich deshalb davor fürchtet.

Wenn ich mich aufrichte, den Blick nach links lenke: über das Haff, nach rechts: zum Meer hin, ist das *Politische* unsichtbar. Die Elemente unterstehen ihm nicht und unterliegen ihm nie. Aber dieser Blick, notwendig geboren aus der Erkenntniskraft des Sinnlichen, die jetzt allein herrscht, ist leichtfertig, wenn er zu einer unmerklichen Selbstblendung führt: Die glühende Klinge reiner Schönheit und Harmonie, die mit der Transformation von temporären *Sinnen*-Ryhthmen in ewigen *Sinn*-Rhythmus lockt, verletzt unsere Iris tödlich im Moment unbegrenzter Berührung. Blendung war eine grausame Strafe; Blindheit, zu Lebzeiten, ihr einziger Zweck. Wir dürfen, bedeutet das, die Grenze nicht überschreiten, hinter der das Urteil vollstreckt wird. Aber wo ist diese Grenze an einem Ort, an dem Wilhelm von Humboldt gesagt hat, daß man ihn gesehen haben müsse, »wenn einem nicht ein wunderbares Bild in der Seele fehlen soll.«

V

Zwischen den Wassern, über die mein Blick geht, wölbt sich der Leib der Düne bis unter den Himmel: die dritte Richtung, vielleicht die verführerischte in dieser

Stunde. Zur Gänze verschwunden ist, was ich weiß; meine Fußspuren enden an dem Punkt, an dem ich nicht weitergegangen bin. Solange ich bleibe, verdichtet die Welt sich auf ihn zu. Seit alters her siedelt der Mensch am Hang von Vulkanen; die Bedrohung aus der Tiefe der Erscheinung schreckt nur im Ernstfall. Der Ernstfall ist, am Hang eines Vulkans, Dauerzustand; aber um davon zu wissen, muß man die Tiefe der Erscheinung erahnen. Es geht dabei, wenn Tiefe gesagt wird, nicht um Mystik; es geht um Souveränität. Der Prozeß der Erde als Partial kosmischer Prozeß-Souveränität *ist* souverän; *wir* sind es nicht. Souveränität ist Bewegung aus der Substanz; Reflexion ist nicht Substanz, sondern Meta-Substanz. Sie paraphrasiert das Geschehene als das Gesehene ins Begriffene; das qualifiziert uns zwar, aber nur für die Pausen der Geschichte. Reaktion im Prozeß, also Teil des Prozesses ist das nicht. Reaktionen ergeben sich aus potentiellen Blickwinkeln des Subjekts im Raum objektiver Abläufe. Hier, in der Fähigkeit, den Blickwinkel zu ändern, sich mit ihm zu bewegen, liegt unsere einzige Möglichkeit zur *Teil*-Habe an der Souveränität des Irdischen, das ein Kosmisches ist. Das können wir zwar wissen; kumulieren, mit dem Ziel eines höheren Anteils am Souveränen, können wir dieses Wissen nicht. Andererseits könnte in diesem Widerspruch das produktive, schöpferische Ziel-Geheimnis der Existenz unserer Spezies liegen, dem wir seit Urzeiten verschiedene Namen geben, in der Hoffnung, daß sie es uns offenbaren.

VI

Ja, ich hatte vergessen, was ich wußte. Ja, auch *ich* hatte das Gewußte vergessen. Vielleicht war es das weiße Dreieck eines Segelbootes auf dem Haff, das – Symbol falschen Idylls und als Motiv nur auf einem Bild Feiningers erträglich – mir riet, den Blickwinkel zu ändern und endlich auch die horizontale Ebene des Ortes zu erfassen: Auf Augenhöhe – entfernt zwar, doch gut zu erkennen – ragt jetzt ein Grenzpfahl mit quadratischem Schild gegen das Licht. Ein weiterer und noch einer. Ich muß die Distanz nicht verringern, den filigranen Scherenschnitt und seinen offenbaren Text nicht wirklich in Augenschein nehmen, um zu wissen, was alles ich vergaß. Nun *ist* wieder – sichtbar – das Politische. Es stellt sich, mit einem seiner machtvollsten Symbole, dem Grenzpfahl, quer zur Welt der vier Elemente: Vor mir liegt ein Stück Rußland außerhalb Rußlands.

Das Kaliningrader Gebiet: Kaliningradskaja Oblast. Königsberg, soll das heißen – 1255 vom Deutschen Orden gegründet, Hochmeisterresidenz und Krönungsstätte preußischer Könige, die Stadt Kants und des Aufrufs zum Befreiungskrieg gegen Napoleon, Geburtsort Erich von Drygalskis, des bedeutendsten

Antarktis-Forschers aller Zeiten, und der Philosophin Hannah Arendt –, *die* Stadt gibt es nicht mehr. Zumindest so wenig wie Alt-Nidden und weitere Lagen des Dorfes, die seit Mitte des 17. Jahrhunderts unter der vom Westwind getriebenen Sandflut der großen Düne ertranken. Fast zwei Dutzend Nehrungs-Dörfer insgesamt traf es im Laufe der Jahrhunderte. Die Geschichte des Verschwundenen, Verlorenen reicht wesentlich tiefer hier, als nur ein erster Blick über die Oberfläche beweist. Die Quellen bewahren den unheimlichen Schrecken, seine Menschen-Opfer und Vineta-Varianten, wie klarer Bernstein Insekten-Einschlüsse: in der Bewegung erstarrt, verharrend vor und unter dem Unausweichlichen – Menschen, Orte, Wälder, Friedhöfe, Äcker. Über das Bildarchiv des berühmten baltischen Bernsteins, abgebaut auch im Nehrungs-Haff, gibt ein Fachbuch zu Protokoll:

»Aus dem Leben der Ameisen, die sehr zahlreich eingeschlossen wurden, sind z. B. der Larventransport und die Fütterung festgehalten worden. Andere wurden in der Gesellschaft von Blattläusen vom Harz überrascht. Auch Spinnen und Wanzen neben ausgesogenen Ameisenleichen hat man gefunden.«

Fasziniert starrt man auf die Millionen Jahre alten dreidimensionalen Todes-Bilder, erkennt alles und begreift nichts. *Live*-Dramen aus urgeschichtlichen

Tiefen, analogisiert uns die Mediensprache von heute – zufällig festgehalten, zufällig ans Licht gekommen. Aber nicht zufällig erregend für den, der es nun sieht. Die Psychologen arbeiten immer noch an einer Erklärung für die Erregung. Verhaltensforscher kommen dem Phänomen schon lange näher. Vielleicht muß man das Bild der Katastrophe kennen, um ihr entkommen zu können. Oder um sich in sie einzuüben?

Hör ich hinunter, in die Tiefe unter dem Sand, was höre ich wirklich? Pferdehufe auf Waldboden? Ein dunkles, gedämpftes Geräusch, jahrhundertealt ... Es kommt, in seiner Dichte und Kraft, von weither. Lange zuvor schon vernehmbar im Heiligen Land, auf Kreuzzügen überall, rückt es – über Zypern, Venedig, Ungarn – näher und näher. Dann ist es da, man schreibt das Jahr 1226: Ein Fürst Polens, Konrad von Masowien, Herrscher zwischen Weichsel und Narew, möchte das heidnische Waldvolk der Pruzzen, das ihn mit Raubzügen traktiert, christianisieren. Christianisieren heißt auch: besiegen, heißt auch: beherrschen. Die Pruzzen leben frei, in Stammesgemeinschaften, sie sind polygam, kaufen Frauen oder rauben sie. Christus, ein Gott am Kreuz, ist ihnen suspekt.

Auch ihrer hat Johannes Bobrowski poetisch gedacht. In seiner »Pruzzischen Elegie«, 1952 geschrieben, wollte er sie – das Dunkel aus dem Dunkel der

Geschichte schneidend – erkennbar werden lassen vor allem als Opfer deutscher Ostkolonisation, wie sie polnische Historiographie damals und lange danach gerne gezeichnet hat. Aber solche geschichtspolitische Grundierung war schlechtem Gewissen geschuldet und vermochte den künstlerischen Wert großer Poesie nicht kleiner zu machen. Die Verse erwiesen sich stärker als der späte ideologische Aberglaube, die Parteinahme ihres Schöpfers aus Verzweiflung über das Verlorene. »Benannte Schuld« war für Bobrowski, um das therapeutische Geheimnis seiner Poesie nicht zu unterschlagen, immer auch »gebannte Schuld«.

Doch der polnische Fürst schaffte es nicht: Die Götzenanbeter aus den Wäldern schlugen zurück, eroberten das Kulmerland und bedrohten nun ihrerseits Polen aufs Höchste. Der Notruf des Herzogs geht an die Ritter des Deutschen Ordens, die zu dieser Zeit, wie andere Kreuzfahrer aus ganz Europa auch, hauptsächlich in Palästina, dem Heiligen Land, mit Feuer und Schwert christliche Reiche zu etablieren versuchen. Nun also zum blutigen Gottesdienst am entgegengesetzten Ende der Welt. Hermann von Salza, Hochmeister des Ordens in jenen Tagen, ein Vertrauter Kaiser Friedrichs II. und mit Talenten gesegnet wie keiner nach ihm auf seinem Platz, läßt sich nicht zweimal bitten: Der Traum vom eigenen Ordensstaat ist zu groß und der christliche Idealismus seiner zölibatär und bescheiden lebenden Ritter nicht kleiner, als daß man sehr lange darüber nachdenkt. Außerdem ist das Projekt in Palästina bedroht und in Ungarn gescheitert. Zumal das Angebot an die Führung der schlagkräftigen christlichen Kampfmaschine lautet: Das zurückeroberte Kulmerland wird künftig dem Orden gehören. Hinzu kommt, was durch militärischen Sieg an Pruzzengebiet hinzukommt. Noch im selben Jahr bestätigt der Kaiser in der »Goldenen Bulle von Rimini« die Schenkung; acht Jahre später folgt die allerchristlichste Legalisierung durch Papst Gregor IX. Die Gelehrten streiten noch heute über die Echtheit der Papiere; die Wahrscheinlichkeit, daß sie falsch sind, ist dennoch geringer als das Gegenteil.

Vollkommen unabhängig davon, auf der Zeitmitte dazwischen, beginnt der von Polen georderte Krieg gegen die Pruzzen wirklich zu werden. Im Winter 1230 / 31 steht ein erster Heeresverband des Ordens an der Weichsel. Die Herausgeforderten, zahlenmäßig ungleich stärker, weichen trotzdem zurück: Das kleine Ordensheer ist ihnen durch militärische Ausrüstung und Organisation weit überlegen. Die Pruzzen sind Realisten. Aber sie haben dennoch schon verloren. Auch der Orden wird von Realisten geführt, von klugen und nicht zuletzt durch Rom gemäßigten Eroberern, die nicht allein auf Gewalt, die auch auf Recht setzen, Städte gründen, mit freien Bürgern rechnen, Land verteilen, Wohlstand schaffen. Glauben sie doch zuerst an Gott als den Herrn der Welt, nicht an ein Rassen-Gesetz der Geschichte – wie Jahrhunderte später Hitler und sein Tausendjähriges Reich.

VII

Wer um die Geschichte weiß, kann sie nicht überhören. Ihr Schweigen an Orten wie diesem, ist beredt. Pillkoppen, Rossitten – die nächsten Dörfer der Nehrung von Nidden in südlicher Richtung, Dörfer im heute russischen Teil – haben einmal Ordensburgen gekannt, zur Sicherung der alten Post- und Heerstraße von Königsberg nach Memel und weiter, die lange über die Nehrung führte, weil das Gebiet auf der anderen Seite des Haffs undurchdringlich war, litauischer Urwald, Natur-Abgrund, beherrscht von wilden Menschen und Tieren. Das Idyll vor meinen Augen ist einmal durchlärmt gewesen von nichttechnischen Geräuschen, allenfalls Wagenräder knirschten – ansonsten Menschenstimmen, Tierlaute, der helle Klang von Metall auf Metall.

Was ich mich frage, jetzt, die Grenzschilder im Blick – wieviel Idyll war denn in jenen fernen Zeiten, die unter dem Sand der Geschichte verschwunden sind, wirklich? War es überhaupt sichtbar, spürbar für all die Akteure hier und anderswo? *Nicht* verfügbar war jenen, die doch schon um das Schöne an Schmuck und Geschmeide wußten – *gismidi,* sagt man zur Zeit der Ordensritter –, der Begriff selber, genausowenig wie der des Naturschönen überhaupt. Konnte man dennoch seiner empirischen Substanz verfallen oder waren die Elemente und ihre Emanationen nur feindliches Außen? Objekt des göttlichen Gebotes: Macht Euch die Erde untertan!? Reichte also den Seelen damals allein die Schönheit des Glaubens, der Glanz seiner Kirchen und Riten, seiner virtuellen und materiellen Gehäuse? Das Kreuz am Hals und auf dem Altar, der Ring am Finger des Bischofs und der Geliebten? Geborgenheitssymbole: hart und mächtig wie das Schwert, die Lanze, das Beil? *Gismidi* bedeutet ursprünglich Metall. Aber gibt es die Schönheit der Natur überhaupt, als objektives Ereignis? Ist sie nicht doch nur Produkt reflexiven Bewußtseins in den Pausen der Geschichte aller und meiner? Phänomen zeitluxuriöser Epochen, als man durch Landschaft zu wandern begann, um heil an der Seele zu werden, und nicht mehr nur vorwärts eilte, um heil ans Ziel zu gelangen? Wenn die gigantische Sandwalze, auf der ich an diesem Septembernachmittag liege, dem vorletzten Tag meiner Reise nach Nidden, auf das Dorf zurollt, in dem man lebt, ist die Natur nicht schön, sondern Krieg.

Alte Fotos von Nehrungsdörfern zeigen – wie sonst
nur Bilder aus der Welt der Sahara – Häuser, Kirchen
und Friedhöfe im Stadium paradoxen Überflutetwer-
dens durch den in Ewigkeiten zermahlenen Fels: Als
hielte er für den Moment und die Möglichkeit seiner
bildtechnischen Reproduzierbarkeit mit dem Zerstö-
rungswerk inne. Und sie zeigen erschöpfte Menschen
beim Schöpfen von Sand: Das Urteil ist längst gesprochen; aber noch nicht akzeptiert. Das kann nur
der Mensch. Sisyphos ist ein präzises Bild für das frü-
here Leben des Menschen der Nehrung; die Entmach-
tung des Mythos hier begann mit der Erkenntnis, den
beweglichen Sand durch Bepflanzen ruhigstellen zu
können. 1825 war es endlich soweit. Den »Sand der
Geschichte« vermochte allerdings keine der Auffor-
stungswellen aufzuhalten.

Die Sandwalze, auf der ich liege und mich doch in des
Himmels Hand fühle, überrollt tausend Meter süd-
lich von mir, kurz hinter der Grenze, einen Birken-
und Kiefernwald – dort, am geographischen Punkt
»Grabschter Haken«, wo Nidden bis 1675 das erste
Mal versucht hat, ein Dorf zu sein und zu bleiben, und
doch erstmals verschwand – in einem Prozeß langen,
selbstverschuldeten Sterbens durch Holzeinschlag,
der den Wald auf der eher hügeligen Ur-Nehrung
schütter werden ließ und so für den tödlichen Flug-
sand durchlässig machte. 1437, in der Inventarliste

der Ordens-Komturei Memel, taucht ein »Niddener Krug« aus dem geschichtlichen Nebel auf. Ein Jahrhundert später registriert die Memeler Amtsrechnung in Nidden achtzehn Voll- und drei Halb-Fischer, das waren Tagelöhner ohne Grundbesitz, ein Dutzend Jahre weiter sind es sogar 20 grundzinspflichtige Bootsbesitzer. Doch dann knickt die Aufwärtskurve ab, die Arbeit der Natur an einem Unglück mit grandioser Pointe nimmt ihren Lauf. Am 19. November 1614 vermeldet das »Schuldt-Register« des Amts Memel schließlich: »In Nidden seindt nur ihr drey beim Leben, die andern Erbe seindt alleß verwehet und versandet ...«

VIII

Für mein Empfinden bleibt die Düne schön. Nichts kann ihren ästhetischen Reiz mindern: Im selben Moment, da sie die Birken bricht – zartere Bäume in der Erscheinung weiß ich nicht –, ist sie mir sicht-, ja spürbares Beispiel für das, was Herbert Marcuse die »erotische Energie der Natur« genannt hat. Aber er hat auch behauptet, daß »ästhetische Qualitäten ... wesentlich gewaltlos, nicht herrschaftlich« seien, und daß die »erotische Energie der Natur – eine Energie« sei, »die befreit werden« wolle und deshalb »auch die Natur auf die Revolution« warte. Man muß das »Marxistische« an solchen Sätzen erkennen, um es zu ignorieren – es projiziert die falsche Anthropologie des Karl Marx gleich auch noch in die Natur, immer auf der Suche nach Opfern und Deklassierten, zu deren Sprecher man sich machen, durch die man seinen Herrschaftsanspruch legitimieren kann. Dennoch bleibt die These vom Ästhetischen als dem Gewaltlosen, Herrschaftsfreien – und damit ein Widerspruch, der auch mit Hilfe des Begriffs des »Erhabenen« nicht aufgelöst werden kann. So sprechen wir von der »gewaltigen Schönheit« mancher Ereignisse in Natur und Gesellschaft; das Kampfspiel, uralt in der Kulturgeschichte des Menschen, zeigt nicht selten »schöne« Gewalt. Die virtuelle Gewalt-Kultur unserer Zeit hat den Widerspruch auf einen möglichen Höhepunkt getrieben, der vielleicht aber gar keiner ist?

Vielleicht leugnet eine pazifizierende Definition des Ästhetischen nur die Struktur seiner Bedingung? »Natur«, sagt Heraklit, »pflegt sich versteckt zu halten.« Aber wollen wir das in diesem Zusammenhang wirklich wissen? Wollen wir tatsächlich die *Natur* der Natur erkennen oder nur ihren Schein lieben? Und was verbindet unsere Sehnsucht nach solchem Schein, den wir schön nennen, mit der Substanz dahinter, die eine gewaltige ist?

IX

Die Sonne scheint immer noch stark, der Himmel über mir ist immer noch blau, nur ein paar dünne Federwolken sind aufgezogen. Die Düne unter mir, ein betonfester Leib aus Sand, ist immer noch in Bewegung, aber ich spüre sie nicht. Die einzige, die ich gewahr werde – urplötzlich, aus verändertem Blickwinkel und wie durch den siebten Sinn –, geschieht auf der Linie der Grenzschilder: Zwei Köpfe mit Käppis heben sich ab, der Lauf einer Waffe. Dann gehen sie wieder in Deckung – als tanzten Kasperlepuppen über dem Horizont. Den Plan, mich der Linie zu nähern, um parallel zu ihr die Ostseeseite der Nehrung zu erreichen, gebe ich im selben Moment auf. Das Nachdenken über das Natur-Schöne am Beispiel des Phänomens, auf dem ich mich bewege, ist an Grenzen gestoßen, die zwar nichts mit ihm zu tun haben, die es aber trotzdem nicht überwinden kann.

Warum steigt jetzt, während ich mich erhebe, Unruhe in mir auf? Warum ist das im Haff tief unter mir kreuzende Segelboot nicht mehr das einzige Schiff, das ich erblicke? Hab ich den dunklen Schatten, der weit im Raum an der Linie ankert, die auch über den Dünenkamm führt, im euphorischen Ankommen übersehen? Verlängere ich sie um fünf Dutzend Kilometer nach Südosten, erreiche ich auf der Karte eine Stadt namens Sowjetsk. Die Sowjetunion gibt es nicht mehr, aber Sowjetsk heißt, wie es heißt, und hieß einmal anders: Tilsit – die Stadt an der Memel, die Stadt des deutschen Dichters Johannes Bobrowski, der ins Vergessen zu sinken droht wie sie schon lange. Am 16. Juni 1959 erinnert er sich mit und in dem Gedicht »Die Memel« an den Fluß seiner Kindheit. Es endet in der Klage: »Strom, / alleine immer / kann ich dich lieben / nur. / Bilder aus Schweigen. / Tafeln dem Künft'gen: mein Schrei. / Der nie dich erhielt. / Nun im Dunkel / halt ich dich fest.«

Es gibt das berühmte, inflationär oft zitierte Bloch-Wort am Schluß des »Prinzips Hoffnung«: »so entsteht in der Welt etwas, das allen in die Kindheit scheint und worin noch niemand war: Heimat.« Ein Gedicht wie »Die Memel« beweist, daß es umgekehrt ist: *Daß* also jedem Heimat *aus* der Kindheit ins Leben scheint, aber niemand in sie zurückkehren kann. Bobrowskis Text, zu finden in seinem ersten Gedichtband »Sarmatische Zeit«, verweist, wie viele poetische Texte, darauf, daß die Utopie der Kindheit später vor allem deshalb so stark ist, weil man sie erlebt *hat*, weil sie existiert *hat* und man sich an den Zustand – je älter man wird und je weiter entfernt man davon ist – paradoxerweise um so intensiver erinnert. Daraus erwächst neben dem Glücks- auch ein Verlustgefühl;

dieses Gefühl ist aber kein Beweis für die Nichtexistenz von Heimat in der Kindheit, sondern nur ein Beweis für ihren Verlust. Später kommt die Erkenntnis, daß wahrscheinlich nicht einmal dieser Verlust wahr ist, sondern daß man sich nur an das Gewesene erinnern muß, um es auf neue und andere Weise zu wiederholen. Daß es also eine natürliche Metamorphose des Gelebten und Erfahrenen in Gewußtes und Erinnertes gibt. Die Existenzweise wandelt sich, der Stoff bleibt erhalten. Außen-Stoff wird Innen-Stoff und so erst unverlierbar. Bloch hat geirrt, kein Zweifel; aber um der schönen Melancholie seiner Worte willen mag man ihn kaum widerlegen.

X

Schon andere sind in tiefer Unruhe durch dieses Gelände geeilt. Der berühmteste von ihnen vielleicht: Thomas Mann. Im Sommer 1932 war er allein zu einem Spaziergang aufgebrochen. Auf dem Wege durch das Gebiet der Hohen Düne passierte er auch das »Tal des Schweigens«, einen totenstillen Grund zwischen riesigen Sandwänden, in dem während des Ersten Weltkrieges französische Kriegsgefangene interniert waren. Aus Revanche für die Verschickung deutscher gefangengenommener Soldaten in nordafrikanische Wüstenlager durch den »Erbfeind«, hatte man sie in die »kurische Sahara« verbracht, damit sie hier an der Aufforstung der Dünen mitwirkten. Vollkommene Stille und ein Gefühl absoluter Verlorenheit versetzten Thomas Mann aber dermaßen in Panik, daß er die Tour abbrach und umgehend nach Hause eilte.

Als ich das »Tal des Schweigens« durchschreite, ebenso einsam und bevor ich die Hohe Düne ersteige, stoße ich auf Reste von Kreuzen und ein hölzernes Schild, auf dem in Litauisch vom Friedhof der Kriegsgefangenen gesprochen wird, wie man mir später übersetzt. Da es, abgerissen von irgendeinem Pfahl, kurz davor ist, wie die Kreuze auch, im Sand zu versinken, berge ich es und trage es wie einen kostbaren Schatz in meinem Rucksack über Düne und Nehrungsstraße zurück ins Quartier. Was Thomas Mann betrifft, so hat ihn die schreckliche Unruhe, dieser Anflug von Todesangst im »Tal des Schweigens«, nicht wirklich vertrieben aus der Schönheit der Nehrung. Im Gegenteil: In seinem öffentlichen Schreiben und Reden über diese Landschaft, greift er, ohne das bedrohliche Erlebnis zu verschweigen, zum höchsten Vergleich, der ihm möglich ist, zu Italien, zur Welt des Mittelmeeres:

»Man findet einen erstaunlich südlichen Einschlag ... Das Wasser des Haffs ist im Sommer bei blauem Himmel tiefblau. Es wirkt wie das Mittelmeer.«

Während ich über die Mannschen Enthusiasmen nachdenke, laufe ich – in weit größerem Abstand als ursprünglich erwogen – quer zur Grenze, um auf die alte Verbindungsstraße zu kommen, die nach Königsberg führt. Ich will, bevor ich endlich auch die Ostsee in Augenschein nehme, den Grenzübergang sehen: Ich bin kein Sohn der Stadt Kants, ich dürfte nicht den Hauch eines Verlustschmerzes spüren – aber ich spüre etwas, was dem nahekommt, was mich anzieht, mit Macht: das Hinüberschauen-Wollen auf die andere Seite, die abgesperrte. Der Blick ins versunkene Eigene. Es erinnert an die Jahrzehnte, die eine Grenze ähnlicher Art mitten durch Deutschland verlaufen sahen. Thomas Mann hat sie in der harten Version nicht mehr erlebt, aber vom Untergang Ostpreußens wußte er: vom Untergang deutscher Kultur auf der Nehrung, vom Untergang seines Hauses in Nidden. Wie erinnerte er das einst enthusiastisch Beschriebene im Stadium vollkommener Unerreichbarkeit? Wie das Ferienidyll der Familie, seine Arbeit hier an bedeutender Literatur? Was sah er, wenn er die Fotografien sah? Die großen Posen des Nobelpreisträgers am Niddener Schreibtisch, am Niddener Kamin, auf der Niddener Terrasse?

XI

Es gibt ein Bild unter der geretteten Optik vom Untergegangenen, eine Szene des Sommers 1930, über der, von heute her gesehen, so etwas wie ein Hauch von Wahnsinn liegt: die Möglichkeit des »guten« Führers an der Spitze Deutschlands. Die geschichtliche Alternative zum »bösen«, heißt das: nicht der Tod von Millionen Juden, nicht der Tod von Millionen Polen, nicht der Tod von Millionen Russen, nicht der Tod von Millionen Deutschen. Kein für immer verheertes Europa, kein zerstörtes Reich, kein verlorenes Ostpreußen. Was wir sehen auf diesem Bild, ist nichts anderes als der *praeceptor germaniae* Thomas Mann im Amt. Die Posen der Beteiligten – zwei Dutzend Mädchen und Jungen in Pfadfinder-Uniform, strahlend aufgereiht unter dem Terrassenbalkon des Verehrten, der über sie hinweg in die Kamera blickt –: vergleichbar nur mit Szenen von jungen strahlenden Menschen unter dem Terrassenbalkon »Bruder Hitlers« auf dem Berghof am anderen Ende des Reichs. Aus Briefen von Thomas und Katia Mann wissen wir zudem, daß die Ankunft der Manns in jenem Sommer von Menschenmassen begleitet war, sie säumten Straßen, den Weg zum Haus, standen Spalier am Landungssteg, wo das Boot anlegte, das von Cranz nach Nidden fuhr.

XII

Aber nichts ist so gekommen, wie es auf dem Bild möglich zu sein scheint. Die Geschichte hat sich für dieses Bild von ihr nicht entschieden; sie hat das gewählt, das unter dem Sand zu finden ist wie darüber: das Bild der Trümmerschichten, Zeitabbrüche und Spuren ins Nichts, und dazwischen die vollkommen verschwundenen Lebenden von einst, die Namenlosen, als hätte es sie nie gegeben.

Die Namenlosen von heute befinden sich am Grenzübergang nach Kaliningrad und warten; zumeist vor PKW mit russischem Kennzeichen, lachen sie oder rauchen oder trinken Coca Cola. Zwischen den Wartenden läuft eine Katze umher; sie spürt, das sie etwas auslöst, was sie befriedigt: Sie verbreitet Entzücken, von dem sie nichts weiß, dafür gibt man ihr Futter und Zärtlichkeiten, von denen sie satt wird. Das ist mehr als Kommunikation, das ist eine Symbiose. Sie hat ihren Grund hinter allen erkennbaren Gründen, aber nur als Möglichkeit, nie als Gesetz. Unsere Utopien glauben an ein diesbezügliches Gesetz, und das ist die wiederkehrende Möglichkeit der Katastrophe. Ich verlasse einen friedlichen Ort, der blutgetränkt ist. Die Schneise zum Meer, in die ich einbiege, verstellt nach hundert Metern ein Schild, das mich zur Umkehr ermahnt: Sperrgebiet, Grenzgebiet, sagt es auf Litauisch. Ich gehe dennoch weiter: Das Meer ist schon zu hören, und vielleicht kommen die Posten erst nachts, noch ist es hell, obwohl die Sonne dabei ist, sich zu drehen. Zum Spiel dieser Sorte gehört die Kunst des Rückzugs ebenso wie die des Angriffs. Der Posten, der mir überraschend in den Weg tritt, kurz vor dem Dünenabbruch zum Strand, spielt mit. Ich darf die verbotene Schneise bis zum Ende passieren, ich habe mit »Nida« das richtige Paßwort gesagt, die richtige Geste in Richtung Osten gemacht.

Der Soldat tritt zurück in seinen Postenstand auf der Düne, sein Blick geleitet mich hinunter zum Strand – weit hinter der Absperrung berühren meine Augen die Ostsee, dann gehe ich auf das Stop-Schild zu, das mich im Rücken hat. Die Brandung ist stark, und die Sonne sinkt immer schneller. Angemessen schmerzen Füße und Knochen, der letzte Schluck Wasser ist getrunken, ein Rest Schokolade gegessen – seit Stunden bin ich unterwegs, ein paar Kilometer liegen noch vor mir. Mein Schritt wird mechanisch, ich beginne zu marschieren. Ich will vorwärtskommen. Aber wer gibt mir diesen Befehl wirklich? Vielleicht der wachsende Hunger, vielleicht die wachsende Dunkelheit, vielleicht die wachsende Lust, zurückzukehren in die Geborgenheit von Nidden, das einmal zu Deutschlands Idyllen gehörte und nun ein äußerster Ort ist.

Handkuß für Nora Iuga

Eine Stadtschreiber-Saison in Dresden

> »Wäre meine Freiheit nicht im Buch, wo wäre sie sonst? Wäre mein Buch nicht meine Freiheit, was wäre es sonst?«
>
> Edmond Jabès

I

Draußen ist es still, so still, daß ich davon erwacht bin: Im offenen Fenster über meinem Kopf nur blauer Himmel, Sonnenhelle und hin und wieder ein Vogel, der mein Blickfeld kreuzt. Vom Waldrand klingt Gezwitscher herüber. Sonst nichts. Ich blicke auf meine Uhr am Handgelenk: Es ist kurz vor zehn. In einer halben Stunde wird das Postauto kommen. Ich werde es die Serpentine herauf- und wieder herunterfahren hören. Zwischendurch wird der Deckel des Briefkastens klappern. Und dann wird erneut wieder Stille herrschen. Draußen. Denn draußen ist wieder Schweden. Gestern, tief in der Nacht, bin ich zurückgekehrt.

Zurückgekehrt von einer Reise nach Deutschland, die, mit wenigen Unterbrechungen, sechs Monate währte: von April bis September. Ich war in Dresden, der Hauptstadt Sachsens, die sich, einst furchtbar zerstört, gerade wiedererfindet: Kuppel um Kuppel, Häuserfront um Häuserfront, Silhouette um Silhouette. »Elbflorenz« wurde sie vor der Zerstörung genannt. Nun kehrt der Sinn der Metapher zurück: ins Glaubwürdige. Nicht aber, wie oft unterstellt, ins Vergangene. Eine Jury hatte mich Ende 2006 zum Stadtschreiber 2007 gekürt. Jetzt ist die Zeit um, und ich träum mich mit halbwachen Augen zurück. Müdigkeit liegt auf mir, aber nicht lastend. Sie läßt meinen Körper angenehm schwer sein, meinen Geist dafür federleicht. Ein Bilderstrom durchflutet meinen Kopf, der über die Augen zugleich reines Blau registriert, über die Ohren reine Stille. Die Dinge mischen sich, und langsam beginne ich etwas zu hören, was nicht aus Stille gemacht ist, ein leichtes Sägegeräusch dringt herauf, doch kein nerviges Motorsägengekreisch wie so oft im Norden. Ein Sägegeräusch aus dem gleichmäßigen Schwung von Arm und Hand, tief unter mir. Ich muß die Straßenbahnhaltestelle verlassen und hinabblicken, zum Elbufer herunter, das wenige Meter dahinter beginnt: In einem toten Winkel des Flusses, der hier einen Knick macht, liegt, zwischen grünem Schilf und Weidengesträuch, bleichgespültes Holz. Über einem der Stämme, dem stärksten von allen, steht mit gespreizten Beinen ein Mann, in der rechten Hand einen großen Fuchsschwanz, und sägt. Das also, denke ich, ist das erste Bild, das du dir einprägst von deiner neuen Umgebung. Ein Sisyphos-Bild. Ein Bild, das die eigene Situation zu beschreiben scheint: Der Mann da unten hat Mühe, das sieht man. Er unterbricht seine Arbeit, immer wieder, massiert den Arm, dessen Kraft das Werkzeug bewegt, schüttelt die Hand, die es führt. Es gibt Leute in dieser Stadt, die haben versucht, deine Ankunft zu verhindern; andere haben dir geholfen, dein Ziel trotzdem zu erreichen. Es ist kein feindliches Gelände; aber es könnte schwierig werden. So gingen meine Gedanken, als ich den Mann bei seiner Arbeit am Elbufer sah, bis ich das massive Geräusch der herannahenden Straßenbahn hörte und mich von ihm abwandte, um sie nicht zu verpassen. Dann fuhr ich der Innenstadt entgegen, die allererste Orientierungsfahrt, bis zum Hauptbahnhof, um ein Gefühl zu kriegen für die Dimensionen, die hier den Alltag bestimmen.

II

Tage später erhascht mein Blick auf derselben Tour einen blauen Schriftzug auf einer blaßgelben Mauer: »Bücherscheune« steht da, und was sonst noch dasteht, liegt schon hinter mir, bevor ich es lesen kann. Aber das eine Wort genügt. Seine Magie ist so groß, daß es mir nicht mehr aus dem Kopf geht. Keine vierundzwanzig Stunden danach tauche ich ein in eine dämmrige Welt aus schweigendem Reichtum, die von schäbigem Mauerwerk umgeben ist: endlose Regalfolgen, darin sauber geordnet, nach Gebieten und Reihen, Bücher aus der 1990 untergegangenen deutschen Diktatur, im Eingangsbereich die Taschenbücher. Es dauert nicht lange, und vor mir wächst eine Säule Reclam-Bände empor. Wie im Rausch überfliege ich hunderte Buchrücken, finde mir Fehlendes, mich Interessierendes, Überraschendes. Der Stapel wächst und wächst, jedes Buch kostet nur einen Euro. Eine Goldader, aus der ich ununterbrochen Erzbrocken herausbreche. Die Besitzerin wundert sich: »Was Sie alles interessiert«, sagt sie, während sie den Stapel durchgeht und dabei den Betrag zusammenzählt, um am Ende einen ordentlichen Rabatt zu geben und die Bücher in zwei große Plastiktüten zu verstauen: »Solange wie Sie hat hier noch keiner gesucht«, sagt sie zum Abschied. »Ich komme wieder«, sage ich: »Das war noch gar nichts.«

»Dann zeige ich Ihnen den Boden«, ruft sie mir hinterher: »Da kommt sonst niemand rauf. Aber Sie laß ich, Sie mögen Bücher, das seh ich ja!« Abends blättere ich in Carl von Linnés »Lappländischer Reise«, lese mich fest in Diderots »Zur Interpretation der Natur«, unterstreiche in Schellings »System des transzendentalen Idealismus« Formeln wie diese »... ohne Schönheit ist kein Kunstwerk.« Ach, Schelling, denke ich, wenn du wüßtest, und suche in meinem Notizbuch nach Rauschenbergs trostlosem Gegen-Satz, vor einem Jahr aus einem Zeitungsinterview notiert: »Das ist doch eine kranke Idee, die Kunst müsse irgendwie ideal und schön und in sich abgeschlossen sein.« An solcher Weisheit, fürchte ich, kranken wir, wächst Seelenschwärze empor. Sie verkauft sich allerdings blendend. Tief von der Straße, herauf zu meiner Dachterrassenwohnung, die am Tag den Blick auf die Weinberge im Nordosten der Stadt freigibt, dringt der Lärm vorbeirasender Polizeiautos, das grummelnde Beben der Straßenbahnen, gepreßtes Pfeifen eines Flugzeugs, das im nahen Klotzsche gestartet ist: Ich sehe die Kabinenlichter der aufsteigenden Maschine vor dem schwarzblauen Abendhimmel und schließe die Balkontür. These VIII in Diderots »Gedanken zur Interpretation der Natur« lautet: »Man kann die Begriffe, die keine Grundlage in der Natur haben, mit jenen Wäldern des Nordens vergleichen, deren Bäume keine Wurzeln haben. Es bedarf nur eines Windstoßes, nur einer geringfügigen Begebenheit, um einen ganzen Wald von Bäumen oder von Ideen umzuwerfen.«

III

Auf sie bin ich besonders gespannt gewesen, ich gebe es zu. Das heißt nicht, daß mir die anderen gleichgültig waren. Ganz gewiß nicht. Aber ihren Gedichten war ich schon vor unserer Begegnung begegnet, in dem Gedichtband »Gefährliche Launen«. Erlegen, muß ich wohl sagen, hatten sie mich doch so sehr berührt, daß ich darauf brannte, ihre Schöpferin mit nichts anderem als mit einem Handkuß zu begrüßen, aus reiner Verehrung. Denn wie sollte ich einer Dichterin nicht mit Verehrung entgegentreten, von der Verse wie diese stammen: »der tote hund im schmutzigen schnee / sieht aus wie erde / auch mein vater sieht wie erde aus / das fleisch das uns schön macht / gebiert in seinen zellen erde / nur auf dem tisch / der liegen gebliebene buchstabe / ist eine leere muschelschale / geöffnet der kreis hin / zum anderen«? Und Nora Iuga, die *grande dame poetique* Rumäniens, nahm diesen Handkuß wie selbstverständlich entgegen, an jenem Nachmittag des 8. Septembers, auf der sechsten »Bardinale« in Dresden, dem internationalen Poesiefestival der Stadt. Dann begrüßte ich Matthew Sweeny, den Iren, Mireila Ivanova, die Bulgarin, Enric Sòria, den Katalanen und Oswald

Eggers aus Österreich zum gemeinsamen öffentlichen Gespräch über die Poesiehaltigkeit der Welt und die Welthaltigkeit der Poesie. Am Abend, ein paar Häuser weiter, sind wir die »Poets on the Road« und hören nun die Gedichte des jeweils anderen in all jenen Sprachen, in denen sie geschrieben wurden. Aber was bleibt von einem Gedicht, dessen Sprache man nicht versteht? Viel, wenn man nur trotzdem hinhört: die Klang-Gestalt eines Weltverhältnisses, das der Welt einen Ton ablauscht und hörbar macht, in dem sie noch einmal sinnlich wird, beseelt bis ins Verborgene, das sich als Fremdes tarnt und doch nur das Eigene ist. Nora Iuga, 1931 in Bukarest geborene Tochter eines Künstlerpaares, die das alte Europa noch bis in den Stammbaum kennt – Ungar und Deutscher die Großväter, die Großmütter Serbin und Griechin –, seine Freiheit, seine Diktaturen, seine Kriege, liest ihre Gedichte, diese surrealen, frivolen, erotisch-melancholischen Partituren eines leidenschaftlichen Lebens, wie unwiderlegbare Beweise für ihre Behauptung: »Ich hatte ein schönes Leben«, von dem sie in ihrem gleichnamigen Selbstporträt als Essay auch noch sagt: »Ja, ja, ich hatte ein sehr schönes Leben, eine Wespentaille und die Energie eines Stiers ... Für alles, was ich verloren habe, hat man mir Zeit geschenkt; ich wurde mir zurückgegeben ... und ich schreibe.« Viel später an jenem Abend, nach Rotwein, Gesprächen, Applaus, habe ich mich von Nora Iuga verabschiedet wie ich sie begrüßt habe: mit einem Handkuß. Und es hat mich, offen gestanden, beglückt, zu sehen, daß sie ihn erwartete.

IV

Wagner in Dresden. Das ist nicht Schlingensieff in Bayreuth, nicht Wotan im Pissior, nicht Siegfried im Bordell, nicht Götterdämmerung im Aufsichtsrat oder Videogemetzel um einen Drogen-Etzel. Sondern was? Spießig, würden diejenigen sagen, die sich an Sperrmüll-Inszenierungen delektieren oder gewöhnt haben wie an des Kaisers neue Kleider, an Urinal-Arien und Blut-und-Kot-Chöre, jenen inflationär produzierten Bühnen-Varianten unserer Zeit auf die Blut-und-Boden-Inszenierungen der unseligen zwölf Jahre, die Bloch in seinem Essay »Paradoxa und Pastorale bei Wagner«, gültig bis in jüngste Theater-Tage, so decouvriert: »Hundings Hütte als Görings Blockhaus mit Met, die Halle der Gibichungen als Görings Karinhall, die Festwiese und Sachsens Schlußgesang als Reichsparteitag in Nürnberg«. Von solchen Aktualisierungen waren die Wagner-Inszenierungen, die ich an der Semperoper Dank Freikartenversorgung durch den Kulturbürgermeister genießen durfte, äonenweit entfernt: »Lohnengrin« von Christine Mielitz und Wolfgang Wagners »Fliegender Holländer«, deren Uraufführungen 1983 und 1988 stattfanden. Vielleicht ist der damit umrissene Zeit-Raum und seine Orts-Gestalt schon die ganze Erklärung. Radikal jedenfalls, so scheint es, haben beide Regisseure die radikale Wagner-Apologie Blochs gegen die »Antiromantik« – für ihn nichts anderes als »der akzeptierte Hohlraum der Existenz (mit Glashaus und Ornamenthaß als architektonischem Ausdruck)« – wie einen programmatischen Grundtext für ihre eigene Arbeit genutzt. Die »Abkehr von jeder Ausdrucksmusik« durch die »Antiromantik«, sagt Bloch, »machte erneut *taub* gegen einen Meister, der gerade das Orchester zu höchster Ausdruckskraft erziehen wollte ... Doch wenn freilich Musik so objektivistisch gefaßt wird, daß *alles und jeder Ausdruck* verschwinden soll, daß *alle Dynamik* des Teufels sei ..., dann hört überhaupt jede *differenzierte* Einsicht in Wagner auf.« Die Stunden in dem prachtvollen Opernhaus an der Elbe, besucht von einem Publikum, das der Festlichkeit des langen Abends in Kleidung und Bewegungsmodus in den Gängen und auf den Treppen wie selbstverständlich entsprach, als hätte es nie jenes doppeldeutsche ideologische Spießertum progressiver Gleichmacherei gegeben, das sich im Achtundsechzigertum Westdeutschlands ebenso verheerend austobte wie in den periodischen Attacken des 1989 untergegangenen »ersten Arbeiter-und-Bauern-Staates auf deutschem Boden«. Und so konnte man, ganz im Sinne Blochs, ungehindert, aus dem »Sicheren der *Partitur*« heraus, das Entscheidende genießen:

Wagners Musik, und mit allen Sinnen wahrnehmen, ja beobachten, was der Philosoph einst in jenem Essay die »so lange fällige Wagner-Dämmerung nach der Morgenseite« hin nannte.

V

Im Stadtmeer Dresden gibt es eine tropische Insel, nennen wir sie die Insel »Alaun«. Ein Straßengeflecht, in dem alternatives und etabliertes Leben ununterbrochen ineinander übergehen. Dreck und Eleganz, Schuppen und Salons: »Liebe dein Essen« heißt es, mit philosophischen Adnoten, auf den bordeauxroten Postkarten des Gourmet-Tempels »Villandry«. Witz und Suff, Poesie und Politik: solchen Cocktail bietet die »Scheune«, das Mekka der Poetry-Slam-Barden und Echoraum ihrer Wort-Delirien. Ich weiß nicht, ob Sachsens Vertreter die klügeren der Zunft sind, was sie boten, war jedenfalls weit entfernt von dem üblichen amorphen Gequatsche, dem breitgetretenen Banalitätenquark, der inzwischen schon aus dem Kulturfernsehen quillt. Hier hatten die Wortkaskaden Biß, eine geistige Souveränität flammte auf, in der die diversen strohernen Tabu-Puppen, aufgestellt vom nun gesamtdeutschen Politbüro des Zeitgeistes, wie Zunder verbrannten, der Rotwein hat mir in der »Scheune« besonders gut geschmeckt. Ja, oft habe ich mich im zurückliegenden Sommer am Strand von Alaun herumgetrieben. Musik gab es bis tief in die Nacht zu hören, die Düfte aller Speisen dieser Welt bis tief in die Nacht zu ordern, die Blüten-und-Früchte-Fülle des Gesichter-Dschungels, ein zeitloser immergrüner Safari-Raum unserer Träume und Begierden, die manchmal wahr werden, und meistens nicht. Nicht selten führt genau das aber, nach gutem Essen und gutem Wein, zu einem guten Gedicht, bei einem anderen gefunden, von einem selbst geschrieben. Benn saß in Kneipen, trank zwei, drei Bier und schrieb Verse von exotischen Stränden, die er nie betreten hatte: »Rot ist der Abend auf der Insel von Palau / und die Schatten sinken – / singe, auch aus den Kelchen der Frau / läßt es sich trinken.« Wenn ich auf die Insel »Alaun« fuhr, hatte ich meist einen Band Benn-Gedichte in der Tasche, klein, zerlesen, mit gelbem Umschlag. Manchmal reichte es, im Dämmerlicht des Restaurants eine einzige Zeile zu erhaschen, und das Stundenglas schwebte einen Moment lang quer im Raum, der Sand rieselte nicht mehr von oben nach unten, und der Mann in der Ecke der Bar, der das Kunststück vollbrachte, kam einem bekannt vor, aber auch vollkommen fremd. Aber als ich mich einmal entschloß, zu ihm hinzugehen und mich zu bedanken, da verschwand er langsam, mit jedem Meter mehr, den ich auf ihn zukam, und am Ende war es, als habe es ihn nie an diesem Ort gegeben, und der Gedanke schoß in mir auf: Das könnte er gewesen sein. Er, dem der rieselnde Sand nichts anhaben kann. Aber das kannst du keinem sagen, daß du das für möglich hältst. Daß er hier war, auf der Insel »Alaun«. Und gegessen und getrunken hat. Um wieder einmal zu wissen, wie das ist, was die Geschöpfe da so treiben, die eigenen: Na ja, die Dichter! Im »Al Capone« war das, mit den herrlichen Tischdecken wie in Italien, kleine Karos, rot und weiß, und einem schauerlich-dramatischen Wandgemälde monumentalen Ausmaßes: Chicago 1929, Wolkenkratzer, dunkle Gestalten, Borsalinos über den bösen Hirnen, Polizeimützen über den guten. *Some like it hot:* Mündungsfeuer aus den Läufen von Maschinenpistolen. Und rauchen durfte man auch noch. Ich bevorzuge Zigarren.

VI

Der Dichter Bernig lebt in Kötzschenbroda. Auf jeden Fall in Radebeul, wozu Kötzschenbroda seit einiger Zeit gehört. Aber Radebeul gehört nicht zu Dresden. Sitzt man in der Straßenbahn, um zum Dichter Bernig zu fahren, wird irgendwann die Tarifgrenze angesagt, auf sächsisch und englisch, denn in Radebeul steht auch die Villa von Karl May, und die wird besucht. Ein Touristenmagnet. Ich gestehe: Ich hab sie verpaßt. Ich bin lieber zum Dichter Bernig gefahren, um ausgiebig mit ihm im Café »Storch« zu frühstücken, versunken in einer alten, mit dunkelrotem Samt bespannten Couch, gegen Mittag, versteht sich, was nicht an ihm lag. Danach sind wir zur Elbe hinunter, auf dem kurzen Weg dorthin haben wir auf Streuobstwiesen süße Birnen vom Baum geholt. Einmal hat er mich auch in seine Kirche geführt, der »Friedenskirche« von Kötzschenbroda, in der am 27. August 1645 der Waffenstillstand zwischen Schweden und Sachsen unterzeichnet wurde. Der derbe Holztisch, auf dem das geschehen sein soll, steht heute noch in der Kirche.

Tische, auf denen Friedensverträge unterzeichnet wurden, haben eine sakrale Aura, mögen sie auch noch so einfach oder gar schäbig aussehen. Hier ist im übrigen ein besonders haltbarer Friede geschlossen worden: Schweden und Sachsen haben seitdem nie wieder gegeneinander gekämpft. Das ist doch schon was für einen Deutschen, der in Sachsen geboren wurde, in Wismar, der schwedischen Kolonie bis 1803, groß wurde und heute in Schweden lebt. Um zur Kirche zu gelangen, mußten wir durchs Weindorf hindurch, vorbei an perfekt renovierten Häusern. An fast allen sieht man die Wasserstandsmarken des Jahres 2002, feingliedrige Notizen in frischem Putz, aus denen das Drama nicht mehr ablesbar ist. Der Dichter Bernig, Jahrgang 1964, böhmische Wurzeln und promovierter Germanist, schreibt wunderschöne Gedichte und Romane, für die es den Hölderlin- und den Lessing-Förderpreis gab, und weiß fast alles über Stifter. Warum das so ist, kann man in seinem neuesten Roman erfahren: »Weder Ebbe noch Flut« heißt das druckfrische Stück aus dem Mitteldeutschen Verlag und erzählt eine Liebesgeschichte, die im geteilten Deutschland beginnt, den radikalen Wendepunkt Mauerfall übersteht, aber dennoch in eine Krise gerät, deren Ursache jedoch außerhalb aller politischen Bedingungen liegt und sich aus dem Reservoir schuldferner Tragik speist. Es ist diese Krise, die den Helden nach Wales treibt, an eine Universität, wo er sich Stifters Werk widmen kann, so sehr, daß dabei geheimnisvolle Verbindungen zum Gegenstand seiner Forschungen ans Licht kommen, die ihn verführen, sich in Bewegung zusetzen, auf eine Pointe zu, die hier nicht verraten werden soll. Die poetische Genauigkeit der Bernigschen Prosa, ihre Sanftheit, die man nie mit Unentschiedenheit verwechseln sollte, macht jedes seiner Bücher zu einem ästhetischen Ereignis. Es sind haltbare Bücher, die er schreibt. Das gibt ihnen einen Wert, der sich im Marktwert nicht auflöst. Einmal, in einer sehr warmen Sommernacht, haben wir im Garten seines idyllischen Hauses zwischen Bahndamm, ICE-Fata Morganen und Friedhofsmauer aus Feldsteinen, das von der Elbflut 2002 verschont blieb, wenige Meter davor ging dem Wasser die Massen aus, mit Hilfe von fast drei Litern eisgekühltem Chardonnay unsere Zeit durchdekliniert, diese wunderbar neue

Zeit, mit ihren als Moral getarnten Machtmechanismen, ihrer nicht minder dummen Materialismusfixiertheit, ihren Schein-Leistungs-Verhältnissen und der Entleertheit der politischen Sprache. Aber selbst, als wir schon von einer sehr heiteren Trunkenheit erfaßt waren und im Finden von bösartig genauen Aphorismen zum Thema unschlagbar wurden, wußten wir immer noch überklar, daß die gestürzten Verhältnisse von einst dadurch nicht besser werden können. Sie waren so schlecht, daß es einfach gut war, sie zum Verschwinden zu bringen. Das würde auch Michael Fritz so sehen, mein anderer Schriftstellerfreund in der Stadt an der Elbe. Sein Haus im Toskana-Stil, elbnah im Stadtteil Kleinzschachwitz gelegen, dem der Dichter Rosenlöcher für immer ein poetisches Denkmal gesetzt hat, hat ebenfalls Wein fließen sehen, wenn ich zu Gast war, roten, zu feiner Pasta, und den Redestrom freiester Sprache. Auch er, der Ur-Berliner, was mir bei ihm bis ins Physiognomische zu gehen scheint, und Venedig-Liebhaber: ein höchst talentierter Romancier, die Rezensenten scheinen es allmählich zu begreifen. Aber mein Lieblingsbuch von ihm heißt noch immer »Der Geruch des Westens«. Es versammelt Minuten-Romane, Sekunden-Erzählungen, Wort-Fotografien und Augenblicks-Träume. Diese Prosaminiaturen sind absolut meisterhaft, allenfalls im Japanischen findet man Vergleichbares: Der Großstädter Fritz hat, wie so viele Literaten aus Nippon, nie seinen Blick für die Details der Natur verloren, für die Kraft ihrer einfachen Bilder und grundsätzlichen Maßstäbe. Sein neuester Roman heißt »Die Rivalen«, und auch er reicht zurück in jene abgründige Zeit, über die die gewendete sich heute erhebt wie eine endgültige. Die Häuser der Dichter Bernig und Fritz sind nichts Geringeres für mich gewesen als heimatliches Gelände in jenen abenteuerlichen Monaten, die nun vorbei sind. Orte einer geistigen Ernsthaftigkeit, zu der gleichwohl immer freiestes Gelächter gehörte, diese »letzte Waffe der Hoffnung«, wie Harvey Cox im »Fest der Narren« sagt. Wie sehr, spüre ich mit jedem Moment, den ich wacher werde und der Stille lausche, die draußen herrscht. Denn draußen ist wieder Schweden. Aber das Lachen hält an. Es klingt nach.

Anmerkungen

Grund. Annahmen. Poesie und Existenz in den Zeiten der Grundlosigkeit, in: *Ästhetik & Kommunikation, Entfernte Künste,* Heft 113, Berlin, Sommer 2001, S. 31 – 35;

Die Wiederentdeckung der Geschichte der Sonne. Versuch über die Poesie der Natur und ihr Erscheinen in der Natur-Poesie, in: *neue deutsche literatur,* Heft 562, Hamburg & Berlin, Dezember 2004, S. 27 – 33; sowie in: *Weißer Juli,* Edition Toni Pongratz, Hauzenberg 2006;

»Unterricht von Göttlichen Sachen«. Über den einen Ursprung von Gebet und Gedicht. Eine Hypothese, in: *FUGE – Journal für Religion & Moderne, Zweite Naturen,* Paderborn 2012, S. 51 – 58;

Der Ton der Freiheit. Anmerkungen zu einer Moral der Poesie, in: *Ästhetik & Kommunikation, Von Frankfurt zur Berliner Republik,* Heft 100, Berlin, April 1998, S. 159 – 162;

Wiesenglück und Weltenbrand. Von der Notwendigkeit der Poesie angesichts des Bösen in der Geschichte, Laudatio zur Verleihung des Hans-Sahl-Preises 2001 an Reiner Kunze, in: *liberal – Vierteljahreshefte für Politik und Kultur,* Heft 1, Sankt Augustin / Berlin, Februar 2002, S. 62 – 65;

Wegbegleiter. Zur Poesie der Elisabeth Borchers, Einführung in das Werk Elisabeth Borchers am 29. Oktober 2003 im Hamburger Gymnasium Klosterschule;

Eichendorff, Ungaretti oder Der Blick über die Grenze. Dankesrede zur Verleihung des Eichendorff-Preises 2013, in: *SILESIA NOVA,* 03 / 04 Dresden 2013, S. 77 – 86;

Geld, Gold, Gedichte. Spekulationen über einen Zusammenhang, der nicht auf der Hand liegt, in: *Gegengift*, Pfaffenhofen, 15. April 2001, S. 22 – 28, sowie in: *liberal – Vierteljahreshefte für Politik und Kultur*, Berlin, Februar 2003, S. 8 – 11;

Im Schnee treiben. Vexierbild zu einem Satz von Bloch, in: Phillip Jenninger, Rolf W. Peter, Harald Seubert (Hrsg.), *Tamen! Gegen den Strom, Günter Rohrmoser zum 80. Geburtstag*, Stuttgart 2007, S. 465 – 470;

Bell Island im Eismeer. Poetische und andere Notizen zum Gebrauch der Droge »Arktis«, in: *Ästhetik & Kommunikation, Regelrecht süchtig*, Heft 109, Berlin, Juni 2000, S. 63 – 68;

Spitzbergen. Am kalten Rand der Erde, in: Jürgen Ritter und Ulrich Schacht: *Von Spitzbergen nach Franz-Josef-Land. Am kalten Rand der Erde*, Dortmund 1993, S. 129 – 143;

Franz-Josef-Land. Das Gestade der Vergessenheit, in: Jürgen Ritter und Ulrich Schacht: *Von Spitzbergen nach Franz-Josef-Land. Am kalten Rand der Erde*, Dortmund 1993, S. 144 – 179;

Nidden oder Das süße Salz der Poesie. Notizen und Reflexionen auf der Kurischen Nehrung, in: *Sinn und Form*, Berlin, 54. Jahr / 2002 / 5. Heft, S. 688 – 702;

Handkuß für Nora Iuga. Eine Stadtschreiber-Saison in Dresden, in: *Mut*, Nr. 493, Asendorf, September 2008, S. 72–80

Biographie

Ulrich Schacht, geboren am 9. März 1951 im Frauengefängnis Hoheneck, Stollberg / Erzgebirge; aufgewachsen in Wismar; Lehre als Bäcker und Konditor; 1968 – 1969 Pflegepraktikum in psychiatrischen Anstalten der ev. Kirche; 1969 – 1972 Studium der Ev. Theologie in Rostock und Erfurt; 1973 in der DDR wegen »staatsfeindlicher Hetze« zu sieben Jahren Freiheitsentzug verurteilt; 1976 Entlassung in die Bundesrepublik Deutschland; 1977 – 1998 wohnhaft in Hamburg, dort Studium der Politikwissenschaften und Philosophie; 1984 – 1998 Feuilleton-Redakteur, Leitender Redakteur, Chefreporter bei *Die Welt* und *Welt am Sonntag;* 1987 Mitbegründer der Ev. Bruderschaft St. Georgs-Orden, seit Gründung der Bruderschaft in der Funktion des Großkomturs.

Der seit 1998 freischaffende Autor und Publizist lebte zuletzt in Schweden, wo er am 16. September 2018 starb.

Bibliographie

Gedichte:
Traumgefahr, Neske Verlag, Pfullingen 1981
Scherbenspur, Ammann Verlag, Zürich 1983
Dänemark-Gedichte, Edition Toni Pongratz,
    Hauzenberg 1986
Lanzen im Eis, Deutsche Verlags-Anstalt, Stuttgart 1990
Die falschen Farben, Edition Dschamp, Berlin 1996,
    Kunstbuch
Die Treppe ins Meer, Edition Toni Pongratz,
    Hauzenberg 2003
Weißer Juli, Edition Toni Pongratz, Hauzenberg 2006
Schweden Gedichte (Übers. ins Schwedische von
    Lars-Inge Nilsson) Piudix Books, Sveriges
    Bokhistoriska Förlag, Eskilstuna 2007
Bell Island im Eismeer, Edition Rugerup, Berlin/Hörby 2011
Zweiwas, Edition Toni Pongratz, Hauzenberg 2014
Platon denkt ein Gedicht, Edition Rugerup, Berlin 2015
Schnee fiel in meinen Schlaf, Edition Rugerup, Berlin 2021

Prosa:

Hohenecker Protokolle. Aussagen zur Geschichte der politischen Verfolgung von Frauen in der DDR, Ammann Verlag, Zürich 1984; TB Ullstein 1989, erw. Neuausgabe Sächsische Landeszentrale für politische Bildung / Forum Verlag, Leipzig 2003

Brandenburgische Konzerte. Sechs Erzählungen um einen Menschen, Deutsche Verlags-Anstalt, Stuttgart 1989

Verrat. Die Welt hat sich gedreht, Erzählungen, TRANSIT Buchverlag, Berlin 2001

Bildnis eines venezianischen Mönchs. Eine Liebesgeschichte, Edition Toni Pongratz, Hauzenberg 2007

Vereister Sommer, Aufbau Verlag, Berlin 2011

Kleine Paradiese. Erzählungen, Edition Rugerup, Berlin / Hörby 2013

Grimsey. Eine Novelle, Aufbau Verlag, Berlin 2015

Notre Dame, Aufbau Verlag, Berlin 2017

Essays:

Gewissen ist Macht. Notwendige Reden, Essays, Kritiken zur Literatur und Politik in Deutschland, Piper, München 1992

Für eine Berliner Republik! (mit Heimo Schwilk), Langen Müller, München 1997

Über Schnee und Geschichte. Notate 1983 – 2011, Matthes & Seitz, Berlin 2012

Reise:
Archipel des Lichts. Leben auf den Färöer-Inseln, Harenberg
Edition, Dortmund 1992
*Von Spitzbergen nach Franz-Josef-Land. Am kalten Rand
der Erde,* Harenberg Edition, Dortmund 1993
(beide mit J. Ritter)

Herausgaben:
Letzte Tage in Mecklenburg. Erinnerungen an eine Heimat,
Langen Müller, München 1986
*Nicht alle Grenzen bleiben. Gedichte und Fotos zum geteilten
Deutschland* (mit J.Ritter), Edition Harenberg,
Dortmund 1989
Die selbstbewußte Nation (mit Heimo Schwilk), Ullstein,
Berlin 1994, TB Ullstein, Berlin 1996
Mein Wismar, Ullstein, Berlin 1994
Gott mehr gehorchen als den Menschen (mit M. Leiner,
H. Neubert, Th. A. Seidel), Vandenhoeck &
Rupprecht, Göttingen 2005
Maria. Evangelisch (mit Thomas A. Seidel), Evangelische
Verlagsanstalt, Leipzig 2011
… wenn Gott Geschichte macht! 1989 contra 1789
(mit Thomas A. Seidel),
Evangelische Verlagsanstalt, Leipzig 2015
*Tod, wo ist dein Stachel? Todesfurcht und Lebenslust
im Christentum,* Evangelische Verlagsanstalt,
Leipzig 2017

Würde oder Willkür. Theologische und philosophische Voraussetzungen des Grundgesetzes, Evangelische Verlagsanstalt, Leipzig 2019

Filme:
Du bist mein Land. Eine Heimkehr, NDR / ARD 1990
De Schacht Saga – Een Duitse Familie-Geschiedenis, VPRO Amsterdam 1999

Literarische, literaturkritische, essayistische und journalistische Beiträge erschienen u. a. in *Sinn und Form, Merkur, Neue deutsche Literatur, Risse, Ästhetik & Kommunikation, Sprache im technischen Zeitalter, Kursbuch, Literaturen, lesart, Deutschland Archiv, Liberal, Neue Gesellschaft/Frankfurter Hefte, Die politische Meinung, Focus, Die Zeit, Cicero, Rheinischer Merkur, Süddeutsche Zeitung, Volksstimme* (Magdeburg), *Donaukurier, Frankfurter Allgemeine Sonntagszeitung, Welt, Welt am Sonntag, Junge Freiheit, idea, Mut* sowie im Rundfunk (rbb, HR) und in den schwedischen Tageszeitungen *Dagens Nyheter, Smålandsposten, Borås Tidning*